청소년 학습상담에 활용하는

미술심리상담

유혜신 · 김미성 지음

Σ 시그마프레스

청소년 학습상담에 활용하는 **미술심리상담**
상담자, 심리치료사, 교사를 위한 활용서

발행일 2015년 11월 20일 1쇄 발행
        2022년 5월 10일 2쇄 발행

지은이 유혜신, 김미성
발행인 강학경
발행처 (주)시그마프레스
디자인 우주연
편 집 이호선

등록번호 제10-2642호
주소 서울특별시 영등포구 양평로 22길 21 선유도코오롱디지털타워 A401~402호
전자우편 sigma@spress.co.kr
홈페이지 http://www.sigmapress.co.kr
전화 (02)323-4845, (02)2062-5184~8
팩스 (02)323-4197

ISBN 978-89-6866-516-5

* 책값은 책 뒤표지에 있습니다.

이 도서의 국립중앙도서관 출판시도서목록(CIP)은 서지정보유통지원시스템 홈페이지
(http://seoji.nl.go.kr)와 국가자료공동목록시스템(http://www.nl.go.kr/kolisnet)에서 이용하
실 수 있습니다.(CIP제어번호 : CIP2015030539)

머리말

과열된 입시 경쟁 속에서 청소년기에 입시 준비를 위해 많은 시간을 보내고 있는 것이 우리나라 교육의 현실이다. 획일적인 교육 방식과 입시 위주의 교육에서 학생들은 다양한 경험을 해 볼 수 없는 현실에 처해 있다. 최근에는 자유학기제를 실시하여 체험학습 및 진로 탐색의 기회를 제공하기 위한 시도와 노력을 하고 있지만 아직은 미흡하다고 할 수 있다.

또한 우리나라 청소년들의 상당수는 과도한 학습으로 인해 건강한 자아정체감을 형성하지 못하고 중·고교 시기에 겪어야 할 심리·사회적 발달과업을 지연시키게 된다. 획일적이고 수동적인 학습 방법은 학생의 능동성과 자율성을 발휘할 수 없게 하며 즐겁게 학습하는 것을 저해한다. 그 결과 스스로를 책임지고 독립적이며 능동적인 생활 방식으로 전환해야 되는 중요한 시점인 청년기에 심한 방황과 좌절로 인해 적응상의 문제들을 드러내는 경우가 많다.

학습 문제 이외에도 학교 부적응, 학교폭력, 부모와의 갈등, 또래 관계에서의 문제, 우울, 불안, 무기력으로 인해 성인 못지않게 어려움을 겪기도 한다. 더불어 청소년 문제와 관련된 교사, 상담자, 심리치료사, 부모 역시 함께 힘들어한다. 이 같은 정서적 문제들은 학습에도 많은 부정적인 영향을 미치게 된다.

부디 청소년들이 자기 자신을 잘 알고 자신을 성장시키는 소중한 과정을 겪을 수 있도록 시간을 주길 바란다. 개인의 몫이기도 하지만 상담과 심리치료를 통해 도움을 줄 수 있으며 사회의 어른인 교사, 부모, 상담자의 진심 어린 격려와 응원이 필요하다고 본다.

청소년에게 있어 학습은 매우 중요하며 학습하는 것에 대한 재미를 느끼고 친근하게 받아들일 수 있도록 하는 것이 필요하다. 특별히 학업에 관련된 청소년의 스트레스, 시험 불안, 집중력, 학습 동기 부족 및 잘못된 학습 습관과 방법 등에 대해 상담자가 돕고 안내한다면 비록 지금은 학습하는 것을 싫어하고 힘들어하더라도 극복하여 자신의 삶을 책임지며 잘 이끌어 가는 사람이 될 수 있을 것이다.

최근 들어 학교 현장이나 상담 현장에서 미술을 매개로 한 상담 및 심리치료가 도입되고 있으며 청소년의 심리 진단과 상담에서 매우 유용한 도구로 자리매김하고 있다. 청소년 학습상담에 활용하는 미술심리상담은 미술 작업을 통해 청소년들이 즐겁게 상담에 참여하면서 학업으로 인한 스트레스를 완화하고 청소년들의 학습에 매우 중요한 요소이자 자원인 자아정체성과 자아존중감, 자기효능감, 대인관계 등을 향상하는 데 많은 도움을 줄 수 있다.

저자는 청소년 상담과 학습상담 현장에서의 경험을 토대로 현장에서 활용할 수 있는 실용적인 미술심리상담을 소개하고 이에 대한 이해를 돕고자 이 책을 집필하게 되었다. 이 책은 이론적 접근은 물론 실제 상담 사례를 다양하게 제시하고 있으므로 청소년을 대면하는 상담자, 미술치료사, 교사 및 부모들에게 청소년의 특성을 이해하고 효과적인 상담을 하는 데 실질적인 도움이 될 것이다.

이 책은 총 2부로 구성되어 있으며 전반부는 청소년 미술심리상담과 치료를, 후반부는 청소년 학습상담과 미술심리상담의 적용을 다루었다. 1장에서는 청소년 미술심리상담의 이론과 적용, 2장에서는 그림 심리진단 기법, 3장은 미술심리상담 기법을 다루었다. 4장은 청소년 학습상담 전략, 5장에서는 학습상담에 적용한 미술심리상담 사례를 제시해 놓았다.

마지막으로 이 책이 나올 수 있도록 도움을 준 학생들에게 고마운 마음을 전하고 싶다. 출판을 맡아 주신 ㈜시그마프레스 대표님과 직원 여러분들께도 깊은 감사를 드린다.

2015년 11월

저자 대표

유혜신

차례

제1부 :: 청소년 미술심리상담

1부

청소년
미술심리상담

청소년 미술심리상담의
이론과 적용

미술심리상담의 정의

미술심리상담은 상담과 심리치료 이론을 기초로 미술이라는 시각 매체를 활용하여 개인의 심리적·정서적 갈등을 완화시키고 회복하도록 하여 자아의 성장과 창조적 삶을 살아갈 수 있도록 돕는 상담 및 심리치료의 한 분야이다.

미술심리상담의 목적은 단순히 증상을 치료하는 것만이 목적이 아닌 '육체적·정신적·심리적·사회적 부분만 아니라 영적인 건강'까지도 아우르는 참 건강의 달성이다. 따라서 예방적 효과뿐만 아니라 심신의 이완 등을 통해 스트레스를 완화시키므로 정서 및 신체 상태가 함께 개선될 수 있다.

최근에는 치유예술이라는 측면에서 볼 때 미술심리상담은 정신과 신체의 전반적인 기능을 향상시켜 고통을 경감시키고 당면한 문제를 극복할 수 있도록 도와준다고 볼 수 있다. 또한 다양한 감정을 안전한 방법으로 표현하도록 하여 스트레스를 완화하고 심리적 어려움을 감소시키는 역할을 함으로써 보완대체의학에서의 심신의학의 한 분야로서 그 중요성이 부각되고 있다.

따라서 미술심리상담은 이러한 미술 작업을 통한 내면 세계를 표현하는 과정

속에서 개인의 갈등적인 심리 상태를 파악하고 조화롭게 해결하도록 도와줌으로써 개인의 심리적인 갈등을 완화시키거나 왜곡된 정신 구조를 재편성하는 것으로 요약해 볼 수 있다.

미술심리상담의 장점

의사소통의 범위를 확장시킨다 비언어적인 의사소통이므로 말을 못해도 표현이 가능하며, 내담자의 느낌이나 생각을 언어화되지 못하는 영역까지 더 깊게 표현할 수 있다.

방어를 줄이고 표현한다 의식을 줄이고 표현하게 되므로 감정과 생각들이 더 솔직하게 표현될 수 있다.

결과물을 즉시 얻을 수 있다 다른 상담치료와는 달리 미술심리상담은 '작품'이라는 결과물이 나오며, 성취감을 준다.

치료 효과가 높다 미술 작품은 구체적인 형태가 있고 보관이 가능하다. 작업했던 작품들을 보면 상담 과정을 통해 자신의 달라진 점을 한눈에 볼 수 있다. 즉, 자신의 변화를 더 뚜렷하게 인지할 수 있어 치료 효과를 더 높일 수 있다.

뇌를 균형 있게 발달시킨다 정서적 안정과 함께 공간적인 감각을 향상시킬 수 있다. 미술 매체와 미술 작품을 통한 표현 과정이 창조되면 그것은 촉각과 시감각, 지각 경로를 통해 더욱 확실하게 지각되며, 그런 다음 인지와 언어 경로를 통해 정서, 연상, 그리고 의미에 대해 처리된다. 이러한 활동이 정보의 처리 과정에서 다양한 운동, 신체의 감각, 정서적 그리고 인지적 측면을 포함하고 있으며, 신경 생리학적 과정과 뇌 구조의 활동이 그것을 담당하고 있다.

육체적 행동을 함께하므로 운동 효과를 낼 수 있다 미술 활동을 하면서 내담자가 취하는 동작들은 관절과 근육을 강화시킨다. 예를 들어 글씨를 쓰기 어려워하는 아동이나 청소년들에게는 손목과 손가락의 근육을 강화하고 조절하는 능력을 길러 줄 수 있다. 또한 눈과 손의 협응 기능을 향상시킨다. 읽고 있는 교과서에 맞춰 노트에 필기할 때나 문제지와 정답지를 대조해가며 채점을 할 때, 이러한 눈과 손의 능력이 필요하다. 이러한 기술을 향상시키면, 학습 기술과 능률을 높일 수 있다. 몸을 움직이게 하는 것은 뇌를 자극하는 것으로 기능 향상에 도움을 준다.

자신의 창조성을 경험하고 인정하는 능력을 기르게 된다   자신만의 '작품'을 만들고 상담자에 의해 자신의 감정과 작품에 표현한 감정에 대해 긍정적으로 반영받게 되면 자신을 존중하는 태도를 갖게 된다. 이러한 경험은 내담자 스스로도 자신이 새로운 것을 만들어 내는 것에 긍정하는 태도를 지니게 되고 나아가 이는 삶에서의 자기 존중으로 이어진다.

청소년 발달 특성과 미술심리상담의 적용

청소년 초기(11~14세)

신체적 발달   이 시기는 인생에서 가장 급속한 발달을 경험하는 시기이다. 발달 속도에 있어서도 개인차가 심하여 자의식과 불안을 느끼기도 한다. 신체 및 호르몬의 변화로 인해 정서적 혼돈을 경험하기도 하며 성에 관한 생각과 감정으로 인해 죄책감과 수치감을 느끼기도 한다. 성에 대한 호기심이 증가되는 시기이므로 보다 올바른 정보의 제공이 중요하다.

인지적 발달   구체적 조작기에서 형식적 조작기로의 전환을 시작하는 시기이다. 추상적 사고를 할 수 있어 가설을 세울 수 있으며, 논리적 사고도 가능하여 사건의 결과 예측이 가능하나, 사건, 감정, 상황을 연결하는 능력은 다소 부족할 수 있다. 인지적인 측면에서도 발달 속도에 있어서 개인차가 심하다.

정서적 발달   감정의 기복이 심하고 침울한 기분과 불안, 수치감, 우울감, 죄책감, 분노 등의 감정을 자주 경험한다. 두려움과 같은 부정적 감정에 당황하여 이를 분노로 위장하기도 한다. 예를 들면 다른 사람들과 갈등에서 느끼는 자신의 감정을 숨기기 위해 저항하거나 화를 낸다든가 하는 것이다. 상황을 더 어렵게 만들기도 하고 정서적 불안이나 죄책감, 수치감을 더 느끼게 되는 악순환을 경험하기도 한다. 이 시기 청소년의 정서적 취약성을 이해하고 민감하게 반응하는 것이 중요하다.

자아의 발달   자율성과 의존성을 함께 보여 자신뿐 아니라 부모들을 혼란스럽게 한다. 남과 다르고 싶으면서도 또한 남과 똑같아 보이고 싶어 하는 양가적 감정과 모순에 빠지고 타인이 항상 지켜보고 있는 것 같은 상상을 달고 다니기도 한다. 모든 사람이 항상 자신을 지켜본다고 생각하기 때문에 자아존중감이 저하되기도 한다.

청소년 초기 발달 특성에 따른 미술심리상담의 적용

청소년들의 진정한 감정은 분노나 냉담 등의 표면적인 행동으로 위장되어 있을 수 있는데, 이 점은 상담을 어렵게 하는 요소이다. 또한 신체적 성숙과 청소년들의 실제 성숙도 간에는 차이가 있다는 것도 참고해야 한다.

이 시기의 청소년들은 자신의 감정을 안전하고 적절하게 다루지 못하는 데서 많은 문제를 겪는다. 따라서 자신의 생각이나 자신의 감정을 표현하는 데 어려움을 겪고 있는 학생들이 많기 때문에 비언어적인 미술심리상담이 용이하다고 볼 수 있다.

미술심리상담을 적용할 때 초기 상담에는 어색하고, 두렵고, 낯설고, 여러 가지 부정적 감정으로 인해 좀 긴장된 분위기가 될 가능성이 높다. 이때 낙서를 하게 되면 긴장이 완화되고 흥미를 유발할 수 있게 된다.

미술심리상담에서 낙서를 적용하는 이유는 첫째, 긴장된 감정을 완화하고, 둘째, 그림에 대한 두려움과 부담감을 줄이고, 셋째, 낙서를 통해 흥미와 상담에서 필요한 약간의 감정적 퇴행을 유발하기도 하며, 넷째, 자연스럽게 자신의 무의식과 감정이 표출되도록 도울 수 있다.

사회적 발달   이 시기에 청소년은 또래 관계가 가장 중요하다. 따라서 또래들로부터 받는 수치감에 민감하고 취약할 수 있다. 또래들로부터 거부당하는 것은 이 시기의 주요 스트레스의 원인이 될 수 있다. 자신의 행동을 객관적으로 보지 못하기도 하며, 다른 사람들의 관점을 고려하는 데 어려움이 생긴다.

청소년 중기(15~18세)

신체적 발달   신체적 발달이 급속히 이루어지다가 점차적으로 느려진다. 2차 성징의 발달이 계속되어 성적 충동을 매우 강하게 느끼기도 한다. 이러한 특성은 자신과 부모를 불안하게 만들기도 한다. 성적으로 어른처럼 흉내를 내기도 하고 결과에 대해서는 고려하지 못할 수 있으므로 높은 수준의 구체화된 성교육을 필요로 한다.

인지적 발달   형식적 조작기로서 사고 발달이 계속되면서 추상적 사고가 가능해지고, 가설 설정, 미래에 대해 생각, 융통성 있는 사고를 할 수 있다. 도덕적 · 사회적 · 정치적 문제에 대한 철학적 사유가 가능하고 실제적이고 구체적인 것과 추상적이고 가능한 것을 구분할 수 있다. 하지만 행동과 사고가 일치하지 않는 경향이 있는데, 대안들을 보기는 하나 경험과 이해 부족으로 자주 시행착오를 겪는다.

정서적 발달   감정 기복이 줄어들고, 덜 방어적이며, 자신의 감정을 더 잘 표현하게 된다. 자기 회의와 불안정감을 경험하기도 하고 고독감과 양가감정을 가질 수 있다. 형식적 조작기의 사고가 가능해짐에 따라 정서적 문제를 다루는 기술이 조금 더 향상된다. 기분이 나쁠 때에도 충동적이거나 비합리적으로 반응하는 것도 줄어든다. 이 시기의 정서적인 성숙은 인지적인 성숙과 밀접한 관련성이 있다.

자아의 발달   독립성과 자아정체감이 점차적으로 확립되어 나가는 시기이다. 혼자 생각하며 보내는 시간이 많아지고, 자신의 가치관과 신념, 인생의 방향을 진지하게 생각한다. 보다 더 깊은 자신감과 자기 주장을 하는 것이 늘어나며 친구를 무작정 따라하지 않게 된다. 즉각적인 결과뿐 아니라 장기적인 결과까지도 생각할 수 있게 되고, 이 시기의 자아 발달은 사고 발달과 자아존중감 발달을 통해 이루어진다.

사회적 발달   또래 관계가 여전히 중요하고 새로운 역할을 시도하며 개인차에 대한 인내를 학습하고, 성인기의 대인 관계 등을 준비하는 시기이다. 보다 성숙하고 지혜롭게 관계에 접근할 수 있고 친밀한 대인 관계가 증가하면서 사회적 민감성이 발달한다. 보다 더 안정되고 덜 경쟁적인 우정을 쌓아가며 이성 관계에 관심이 생겨난다.

청소년 중기 발달 특성에 따른 미술심리상담의 적용

청소년 시기의 자아존중감은 학교 적응 수준과 스트레스에 대한 대처 능력, 그리고 자신에 대한 신뢰 및 성취 능력과 관련되어 있다. 청소년 중기의 전형적 문제는 먼저 또래관계 및 미래에 관한 진로 결정을 포함한 복잡한 관계 문제를 겪고 있다는 것이다.

이 시기의 자아존중감은 대인관계를 원만히 유지시키며 건전한 성격 발달의 기본이 되고 성취에도 영향을 끼치므로 한 개인이 긍정적인 행복을 느끼기 위해서는 자아존중감을 향상시키는 것은 필수적이라고 볼 수 있다.

또한 만족스럽고 효과적인 또래 관계 경험은 개인의 인격 발달과 정체감 형성에 긍정적인 영향을 준다. 그러나 불만족스럽고 원만하지 못한 또래 관계는 자신에 대한 열등감을 갖게 만들어 자칫 낮은 자아존중감과 정서적인 부분을 위협하는 요소로 작용하기도 한다.

청소년 초기보다는 상담이 훨씬 용이해지며 자신을 언어적으로 표현하는 능력이 증가하기는 하나 발달에 개인차가 크다는 것을 이해해야 한다. 개인에 따라 청각적 학습자와 시각적 학습자가 있다는 점을 고려한다. 상담 시 활동을 활용하고, 간단한 과제를 내주는 것도 좋다. 미술심리상담의 적용은 자아정체성과 자아존중감, 대인 관계 향상을 목적으로 하는 집단미술심리상담 프로그램이 효과적이라고 본다.

청소년기의 미술 발달

보통 청소년들의 미술 실력은 사춘기 전 단계 정도의 수준에 머물게 된다.

그림을 잘 그리지 못한다는 것에 대한 좌절감이나 실망감과 그림 외의 다른 영역에 대한 발달과 관심 때문에 미술 실력이 향상될 수 있는 기회가 점점 줄어들게 된다.

더 발달하는 측면이 있다면 원근감을 보다 정확하게 표현하고, 깊이 차원을 효과적으로 표현하게 되며, 세부적인 묘사의 정확성이 향상된다. 또한 추상적인 이미지를 구성하는 능력이 생기게 된다.

또한 세 가지의 표현 유형이 결정되는 시기이다. **시각형**은 외부 세계 현상을 눈에 보이는 대로 묘사하는 경향을 보이며 객관적·인식적 표현이 강하다. 반면 **촉각형**은 전신의 감각에 의해 촉각적 표현을 한다. **중간형**은 앞의 두 가지 표현의 중간적 성격을 띠는 표현이다.

미술에 소질 있는 일부 청소년들은 이 시기에 미술 실력이 매우 발달하여 예술적 기교까지 익힐 수 있게 되기도 한다. 그림을 그리는 데 있어 아동기에는 '주변 환경의 이미지를 만들어 내는 데' 주력한다면, 청소년 중기 시기에는 그림을 통해 철학이나 가치관, 자신에 대한 생각을 '자발적으로 의도하는' 상징화를 통해 나타내기 때문에 자기를 표현하고 외부 세계와 의사소통할 수 있게 된다.

미술심리상담의 매체

미술심리상담에 있어서 미술 매체의 역할은 매우 중요하다. 미술에서 **매체**(medium)라는 용어의 범위는 회화, 조각 등 예술 표현의 수단이 되며 혹은 수단에 쓰이는 재료를 통틀어 말하는 것을 의미한다.

각각의 매체는 그 고유성과 공통성을 동시에 지니고 있기 때문에 대상을 표현하는 재료로서뿐만 아니라 그 자체의 물성을 그대로 나타낸다.

미술 매체는 감각적 · 조작적 방법으로 본질적인 즐거움을 유발하기 때문에 친밀감 형성에 더욱 유용하다. 그것들은 치료 과정의 여러 단계에서 발생하는 고통을 최소화할 수 있다.

내담자가 어떤 매체를 선택하고 선호하는가에 대한 문제는 미술심리상담을 하는 데 있어 중요한 단서가 된다. 상담자가 미술 활동을 적용하고 이해하려면 매체의 특성과 사용법, 매체의 장단점 등, 풍부한 지식과 경험이 필요하다고 볼 수 있다.

상담자는 내담자가 작품이 완성되지 못하였을 때 느껴지는 미해결된 느낌이 없도록 주어진 시간에 완성될 수 있는 어렵지 않은 매체를 선별하여 제공하는 것도 필요하다.

미술 매체는 단순하고 덜 구조화된 매체일수록 내담자의 심리적인 표현에 용이하며 내담자의 감각을 자극시키기에 적당하다. 상담자는 스스로 작품을 완성할 수 있는 가능성을 더 높게 해 주고 그들이 작품 활동을 하면서 자신감과 성취감을 느낄 수 있게 유도할 필요성이 있다.

매체의 선택

폭넓은 정서 표현이 가능한 매체   단순하고 비구조적인 미술 매체일수록 심리적 투사가 더 용이하다. 틀에 짜여 있거나 정형화된 매체, 이미 마련된 형식적인 매체들은 치료 대상자의 자유로운 활동을 제한한다. 이러한 활동은 규칙이 요구되거나 지시 사항을 단순히 따라야 하기 때문에, 어느 정도의 개인적 선택이 있더라도 심상은 억제된다고 볼 수 있다.

창조적 표현을 촉진시키는 매체   내담자에게 할 수 있다는 느낌과 무엇인가 이루었다는 효능감 및 성취감을 줄 수 있는 미술 매체가 유용하다. 약간의 설명으로도 부담 없이 사용할 수 있는 매체가 효과적이고 성공적인 작업을 할 수 있게 한다.

매체를 다루거나 사용하는 방법을 배우는 데 너무 오랜 시간이 걸리거나 많은 에너지를 소비해야 한다면 상담과 치료의 본질에 어긋날 수 있다.

내담자 특성에 맞는 매체 내담자의 연령, 성격 특성, 문제에 맞는 매체를 통해서 내담자는 쉽게 미술 활동을 할 수 있다. 미술 매체들을 내담자가 잘 다룰 수 있어야 하며, 다루는 과정에서 흥미와 즐거움을 느껴야 한다. 선택한 매체에 대한 기대와 도전으로 자신을 마음껏 표현할 수 있을 때 상담과 치료의 효과는 더 증대될 수 있다.

다양한 표현이 가능한 매체 같은 매체라도 내담자에 따라 정서적 · 지적 반응이 다를 수 있다. 내담자의 지각 능력, 운동 능력, 심리 상태에 따라 다양한 표현이 가능한 매체는 내담자에게 미술 작업에 대한 관심과 기대를 갖게 한다.

정돈과 보관이 쉬운 매체 깨끗하게 정돈할 수 있고, 손상 없이 보관할 수 있는 매체들은 내담자와 상담자 각자에게 존중의 의미를 전달해 줄 수 있다.

상담자가 잘 다룰 수 있는 매체 상담자는 내담자에게 제공되는 모든 매체나 도구의 사용법에 대해서 충분히 알고 있어야 한다. 그래야만 내담자의 발달 수준이나 매체의 난이도에 따라 필요한 순간에 적절한 도움을 줄 수 있다.

실용적인 매체 대부분의 상담과 치료적 상황은 시간, 공간, 예산 등에서 제한적일 경우가 많다. 이러한 비용을 고려한 매체가 편리하게 사용될 수 있다.

매체의 특성에 대한 반응

매체의 선택에서 두 가지 중요하게 다루어야 할 부분은 **촉진**과 **통제**다. 내담자의 자발성을 촉진하기 위해서는 충분한 작업 공간과 친밀감을 줄 수 있는 다양한 매체가 준비되어야 한다. 특히 내담자의 성격은 매체를 선택할 때 주의 깊게 고려해야 할 부분이다. 미술 매체 중 물감, 핑거페인트, 물기가 많은 점토 같은 습식 매체 등은 퇴행을 촉진시킬 수 있는 재료로 알려져 있어, 주로 성격이 위축되고 경직된 내담자에게 적용하는 것이 좋다. 반대로 충동적이고 자아 경계가 불분명한 내담자에게는 충동적 성향을 더욱 심화시킬 수 있어 초기에는 습식 매체 적용을 자제하는 것이 좋다.

반면, 색연필, 사인펜과 같은 딱딱한 매체는 높은 통제력을 지닌 매체로서 충동적 성향을 통제하기 용이한 재료로 쓰인다. 이처럼 내담자의 성격과 반대 성향의 매체를 제공하는 이유는 그의 내면 세계에 억압된 부분을 재통합하는 기회를 제공할 수 있기 때문이다.

너무 많은 양의 매체나 도구는 내담자를 질리게 할 수 있는데, 이 점은 내담자에 따라 서로 다르므로 상담자는 개인의 욕구에 민감하게 반응할 필요성이 있다. 특히 쉽게 찢어지는 얇은 종이나 잘 부서지는 매체는 심리적 좌절을 유발시킬 수 있으니 주의한다.

또한 미술 매체들의 특성에 따라 어떤 효과를 낼 수 있느냐를 고려하여 선택해야 한다. 상담자는 내담자에 따라 친밀감을 형성하고 재미를 부여할 수 있는 매체, 욕구 표출에 용이한 매체, 정서적 안정을 주는 매체, 자발성을 향상시키는 매체에 대해 연구할 필요가 있다.

표 1.1 통제를 기준으로 한 매체의 특성

젖은 점토	그림 물감	부드러운 점토	오일 파스텔	두꺼운 펠트지	콜라주	단단한 점토	얇은 펠트지	색연필	연필
1	2	3	4	5	6	7	8	9	10

⇐ 가장 낮은 통제   가장 높은 통제 ⇒

출처 : Landgarten (1987).

표 1.2 매체의 유형

유형		종류
화지		도화지, 한지, 습자지, 색종이, 골판지, 하드보드지, 셀로판지, 신문지, 선물 포장지, 컴퓨터 용지, 모조지
2차원 매체	건조 매체	연필, 색연필, 목탄, 콩테, 크레용, 크레파스, 분필, 사인펜
	습식 매체	수채화물감. 아크릴물감, 유화물감, 먹물
3차원 매체	건조 매체	선재(지끈, 모루, 노끈, 철사)
	습식 매체	점토, 찰흙, 물풀, 물감, 마스크 재료
도구		붓, 풀 종류, 접착제, 테이프, 지우개, 가위, 이젤

출처 : 정현희(2006).

미술심리상담 기법 : 진단으로서의 미술심리상담

그림은 그린 사람의 경험과 생각의 표현이다. 그림은 내담자 자신의 욕구와 환경에 대한 태도를 표현하는 투사적 기능을 갖고 있어 심리 진단이 가능하다.

이성의 통제를 받는 언어보다 그림은 감정과 무의식을 편하게 표현할 수 있게 돕는다. 내담자가 느끼기에 그림이라는 매체는 다른 진단 검사를 하는 상황에 비해 편안한 태도로 임할 수 있게 돕는다. 따라서 금기되는 주제나 정신적인 외상과 관련된 주제를 다루기 수월하다.

인물화 성격진단 검사　인물화 성격진단 검사(The Draw-A-Person : DAP)는 다른 투사 검사보다 깊이 있는 무의식적 심리 현상을 드러낸다. 이 검사는 자유화에 비하여 저항이 적고 집－나무－사람 검사(HTP)나 동적－집－나무－사람 검사(KHTP)의 기초가 되므로 심리진단 도구로 많이 사용된다. 아동부터 성인에 이르기까지 적용시킬 수 있으며, 실시하기가 매우 간단하고 중간 단계를 거치지 않고 그려진 그림에서 직접 해석할 수 있다.

집-나무-사람 검사   집-나무-사람 검사(House-Tree-Person : HTP)는 내담자의 성격, 성숙, 발달 , 융통성 등의 통합 정도와 현실에 주어지는 문제해결 능력, 환경과의 상호 작용 정보를 파악할 수 있다. 집, 나무, 사람은 누구에게나 친밀감을 주는 과제이기 때문에 솔직하고 자유로운 언어 표현을 시킬 수 있는 자극으로 이용할 수 있다. 진단 도구로 가장 많이 쓰이고 있으며, 치료 전의 상태와 치료 후의 상태를 진단하는 데 유용하다.

동적 집-나무-사람 검사   동적 집-나무-사람 검사(Kinetic-House-Tree-Person : K-HTP)는 한 장의 도화지에 집, 나무, 사람을 동시에 그려보도록 함으로써 전체적으로 많은 것을 볼 수 있는 기법이다. 집, 나무, 사람 간의 상호 작용 및 상호 관계는 그리는 사람에 의해서 만들어진 시각적 은유를 반영하고 있으며 언어적 표현의 한계를 넘어서는 다양한 정보를 제공한다.

동적 가족화 검사   동적 가족화 검사(Kinetic-Family-Drawing : KFD)는 가족을 그리게 하여 가족의 서열, 분위기 또는 가족에 대한 생각을 파악하는 데 쓰인다. 동적 가족화는 가족의 역동을 바탕으로 자신에 대한 시각적 은유를 부여해 주는 것으로서 가족 체계 이론과 미술치료 이론이 접목된 가족치료에서 많이 사용한다.

풍경구성법   풍경구성법(Landscape Montage Technique : LMT)은 도화지 한 장에 상담자가 제시하는 '산, 강, 밭, 길, 집, 나무, 사람, 동물, 꽃, 돌'을 하나씩 그려나가 풍경이 되도록 하는 것이다. 상담자는 그림에 대한 여러 가지 질문과 구성, 색채, 요소들이 갖고 있는 의미를 통해 내담자의 상태를 파악할 수 있다.

동그라미 중심 가족화   동그라미 중심 가족화(Family-Centered-Circle-Drawing : FCCD)는 원 안에 그림을 그리게 한다. 각 인물은 그 인물 주위에 그려진 상징에 둘러싸여 있다. 이 상징은 시각적인 자유 연상을 기본으로 하고 있으며 추상적 사고와 정서를 발견할 수 있다. 부모와 자신과의 관계를 보고 그 관계를 통해 자신을 바라보도록 하는 방법이다.

학교 생활화 검사　학교 생활화 검사(Kinetic-School-Drawing : KSD)는 학교 장면에서 자신을 포함해 친구와 선생님을 그리게 한다. 내담자의 학교 생활을 살필 수 있으며, 학급 내의 관계적 위치나 역할, 적응 상태를 파악하기 위해 사용한다.

실버 그림 검사　실버 그림 검사(Silver-Drawing-Test : SDT)는 인지 능력을 측정한다. 수학과 읽기에 대한 개념들도 측정한다. 연속 개념, 공간 개념(수평적 · 수직적, 깊이 추론), 개념의 연상과 형성 능력을 평가한다. 그림의 정서적 내용과 자기 이미지가 주의 깊게 관찰된다.

이야기 그리기 검사　이야기 그리기 검사(Draw-A-Story : DAS)는 우울증을 선별하기 위한 검사이다. 내담자는 특정 이미지를 선택하고 선택한 이미지들 사이에서 어떤 일이 일어나는지 상상한다. 내담자의 반응에서 부정적 · 긍정적 주제들을 측정한다.

심리상담에서의 미술치료 기법 : 치료 도구로서의 미술치료

미술 작업 과정을 통해 심리상담이나 심리치료를 하는 것은 **미술치료**라고 할 수 있다. 미술치료의 목표는 미술 활동을 통하여 내담자가 원하는 심리적 문제의 해결을 돕거나 문제 행동을 줄이는 것이다. 미술치료 기법은 대상이나 목표에 따라 활용 방법이나 활용 유무가 달라지며 진단 도구와 엄격하게 구분되지 않을 수도 있다. 청소년에게 활용할 수 있는 기법들은 다음과 같다.

난화 상호 이야기법　난화법과 이야기법을 종합한 것이다. 상담자가 미완성된 선을 그리고 내담자가 이미지를 완성한다. 그리고 그 이미지로 연상되는 이야기를 만들면서 라포를 형성한다. 내담자의 욕구를 살펴볼 수 있어서 초기 상담에 주로 사용한다.

역할 교환법 채색이나 콜라주, 난화, 그림 그리기 등에서 내담자와 상담자가 서로 번갈아가며 작품을 제작하는 것이다. 상담 초기에 흥미를 유발하고 라포를 형성하는 데 유용하다.

감정 차트 만들기 특정 주제에 관련된 감정 혹은 현재의 감정을 다양하게 표현한다. 도화지에 색이나 그림으로 표현하거나 색종이를 오려서 표현할 수 있다. 자신의 여러 가지 감정을 표현하면서 감정을 인지하게 하며 표출시키는 역할도 한다.

가계도 그리기 가족치료에서 많이 활용하며 색종이나 채색 도구를 사용하여 세대별로 표현한다. 내담자 가족의 세대들 사이의 갈등과 가풍의 계승 및 순환 등을 이해할 수 있다.

만다라 그리기 원 안에 그림을 그리는 것이다. 내면을 통합하는 과정으로 내담자에게 정서적인 안정을 주며 혼란한 정서를 정돈시켜 긴장을 이완하게 하고 집중력을 향상시킨다.

콜라주 기법 잡지나 신문 등에 있는 이미지를 선택하여 자르고 붙여 내용을 만드는 것이다. 그림을 그려 내야 한다는 거부감을 감소시켜 쉽게 표현할 수 있다.

테두리 기법 도화지에 테두리를 그려서 건네 주는 기법으로 그림에 대한 부담을 줄이고 정서적인 지지를 하며 라포를 형성하기에 좋다.

공동화 기법 집단으로 미술치료를 할 때 활용한다. 하나의 작품을 여러 명이 함께 작업하면서 타인과 상호작용하는 경험을 한다. 이 과정을 통해 자신과 타인을 이해하는 능력, 즉 사회성과 협동심을 기르게 된다.

과거-현재-미래 나타내기 기법 자신의 과거와 현재, 미래를 설명하게 한다. 주로 콜라주 기법을 통해 나타내며 자신을 발견하고 미래상을 그리는 데 도움을 준다.

자유화 기법 상담자가 지시나 제한을 최소로 제시하여 내담자가 원하는 대로 작업하는 것이다. 내담자가 감정이나 생각을 더 직접적으로 표현할 수도 있고 내담자의 성격이나 개인적인 경험이 더 드러나기도 한다.

집단미술심리상담

집단미술심리상담에서는 집단원 모두가 동시에 참여할 수 있어 개인적 경험과 집단적 경험을 함께 제공하므로 상호 도움을 준다. 집단 구성원과 각자의 작품에 대한 이야기를 나누고 공동 작품을 함께 제작하는 활동은 성공적인 경험이 되므로, 이러한 과정을 통해서 작품은 다양한 영향을 주고 구성원들 간 개인의 차이를 알고 보편성을 쉽게 인식할 수 있다.

또한 집단원들의 복합적이고 역동적인 상호 작용을 쉽게 유발시키고 의식 검열을 적게 받도록 하기 때문에 문제 행동 양식이 빨리 의식되어 집단 진행 과정을 촉진시킬 수 있다. 뿐만 아니라, 미술 작품을 통해서 자신의 경험을 타인과 교환 및 공유하면서 지지와 긍정적인 피드백을 받는 체험을 통해 바람직한 대인 관계 형성을 시도해 볼 수 있으므로 좋은 효과를 거둘 수 있다.

집단미술활동의 효과

- 모든 사람은 각자의 수준에서 집단에 동시에 참여할 수 있다.
- 미술은 의사소통과 표현의 또 다른 중요한 통로가 될 수 있다.
- 미술은 창조성을 용이하게 한다.
- 미술은 환상과 무의식을 다루는 데 유용하다.
- 미술 작품은 구체적 유형물이 남으며 나중에 탐색할 수 있다.

- 미술은 흥미를 유발하며 집단 내에서 즐거움을 공유하게 된다.

집단미술심리상담에서 가장 적합한 집단의 크기

집단의 다양성이나 연령, 문제의 심각성 정도 등을 고려하여 일반적으로 10명 내외가 적당하다. 집단의 크기를 결정할 때는 집단의 상담자가 다음 요소를 고려해야 할 필요가 있다.

- 집단원은 다른 집단원과 시각적으로 언어적 접촉을 유지할 수 있다.
- 집단 응집성을 성취할 수 있다.
- 집단원은 적절한 토론 시간을 공유할 수 있는 기회를 가진다.
- 집단원 간의 상호 작용을 고무하고 생각을 자유롭게 표현하며 집단 과제를 책임지기에 충분하다.

집단미술심리상담에서 구조화 · 비구조화에 대한 고려

집단의 구조화   참여자에게 집단의 성격과 목적, 집단을 운영하는 데 필요한 기본 규칙, 지켜야 할 기본적 행동 규준, 상담자와 참여자의 역할 등에 대해 가르쳐 주는 것이다.

집단의 구조화의 목적은 집단원이 성공적인 집단 경험을 위한 준비를 하도록 하고 단 한 번의 모임으로 끝나지 않고 여러 회기에 걸쳐서 집단의 발달이 이루어지도록 하는 것이다.

집단의 비구조화   집단원 각자가 무엇을 하기 원하는지 알고 있다면 비구조화 방식이 적절하며, 이 방식은 집단으로 진행되지만 각자 자신의 작업을 하므로 다양성이 나타난다. 단, 집단의 응집력은 약해질 수 있다.

집단미술심리상담의 구성 요소

(1) 집단상담자

상담자의 경험이 중요하며 상담자로서의 자질, 자기 인식과 자기 문제 해소, 언어적 반응, 치료의 지향성 등이 고려되어야 하며 상담자는 자기 분석 과정과 수퍼비전 과정을 통해 성숙한 자질을 갖추는 것이 가장 중요하다.

집단미술심리상담에서 상담자의 유의점   미술치료는 자신의 내면의 감정, 욕구, 갈등 등을 미술 매체를 통해 자유롭게 표현하고 언어화함으로써 통찰을 가져오는 계기가 될 수 있는 방법이다. 상담자는 집단에서 집단원이 자유롭게 할 수 있도록 최대한 편안한 분위기의 조성과 배려가 필요하며 선급한 결단이나 가치 판단을 하지 않도록 여유 있게 기다려 줄 여유도 필요하다.

(2) 집단원

동일한 특성의 집단인지 서로 다른 특성의 집단인지에 따라 집단의 차이가 있을 수 있다. 통찰력과 인식 수준의 정도는 매우 다양하며, 때때로 집단원 중에 부적절한 내담자가 있으면 집단 운영에 혼란이 있을 수도 있다.

(3) 공간 및 시간

작업할 수 있는 공간이 충분하여 참여자의 원활한 작업이 가능한지를 확인하고 매체를 자유롭게 사용할 수 있도록 해야 한다. 일반적으로 실제 상담 장면에서 집단 회기 시간은 1시간 30분 정도가 표준이다.

(4) 매체

매체의 종류는 다양하며 다양한 매체의 사용은 중요하다. 내담자의 상태에 따라서 다양한 매체가 도움이 될 수 있기도 하고 작업 의욕이 상실될 수도 있다.

집단미술심리상담 프로그램의 실시 방법

(1) 도입(10분)

각 회기의 원활한 진행과 역동적인 상호 작용 및 긴장 이완을 위해 한 주간의 안부를 묻거나 간단한 유머를 나누거나 몸 풀기로 진행한다. 간단한 이완 작업인 워밍업 활동은 집단의 몰입과 적극적인 개입에 도움이 된다.

(2) 작업 과정(40~50분)

각 회기마다 주제와 목표, 활동 내용에 대해서 구체적으로 설명하고, 집단원 개개인이 활동에 몰입하여 자기 탐색을 할 수 있도록 하며, 협동 활동에서는 주제에 맞는 대화가 이루어지도록 하면서 의사소통이 원활하게 되도록 상담자가 적절하게 개입한다.

(3) 작품에 대한 토론(30분)

토론 방법을 어떻게 할 것에 대해 서로 논의 과정을 가지게 된다. 상담자와 집단원은 함께 결정하거나 상담자가 그 상황을 보고 결정할 수 있어야 한다. 시간의 제한성과 언어적 표현을 하고 있는 집단원에 대해 공감할 수 있도록 집단원에게 먼저 숙지시키는 것이 필요하다. 자신의 작품을 감상하고 미술 활동을 하면서 느낀 점을 자유롭게 나누도록 하며 안정적인 분위기를 조성하여 긍정적인 피드백과 상호 작용이 일어날 수 있도록 한다.

(4) 해석

상담이나 치료 과정에서 일어나는 전이와 역전이, 투사, 감정에 대한 부분을 수퍼비전을 받아서 상담자 스스로 건강하게 하는 것이 필수적인 것처럼 해석을 할 수 있는 상담자는 자신의 수퍼바이저에게 훈련이나 수련을 받은 후에 집단에서의 해석을 시도하는 것이 좋다.

(5) 마무리

집단에 참여한 집단원은 자신의 문제가 해결되지 않은 상태, 즉 미해결 상태로 집단을 떠나는 것은 좋은 현상이 아니며 집단원이 집단 내에서뿐만 아니라 실제 사회적 관계 속에서도 건강하게 생활할 수 있는 상황이 된다면 집단을 마무리해도 좋을 것이다.

집단미술심리상담의 유의점

집단미술심리상담의 실제 운영에서 집단의 전체 목적은 사적인 일을 드러내는 데 편안한 감정을 느낄 수 있는 따뜻하고 신뢰할 수 있는 분위기를 제공하는 데 있다. 다른 사람에 대한 염려와 존경, 그리고 그들의 감정과 견해에 대한 존중은 우선시 되어야 한다.

(1) 집단의 목표와 목적 정하기

집단을 이끄는 상담자는 집단의 목표와 목적을 명확히 함으로써 집단원의 욕구를 해결하고 집단미술심리상담의 효과성을 더 높일 수 있다.

(2) 집단의 한계와 기본 규칙

집단을 실시할 때 집단의 규칙과 한계에 대한 부분을 정하고 그것을 집단원에게 알리는 작업은 중요하다. 처음 집단에 참여하는 사람들에게 올바른 집단의 소개와 이해를 제공해 줄 필요성과 의무가 있다.

청소년 집단미술심리상담의 효과

청소년 집단미술심리상담에서 자아정체성과 자아 성장을 위하여 미술을 통해 자아를 표현하는 과정은 무정형하고 혼돈스런 자아를 구체적으로 객관화함으로써 자신을 직면하고 수용할 수 있는 기회를 갖게 한다. 미술 활동이 자신의 장점이나 능력을 표현할 수 있는 주제일 경우에는 자신을 가치 있는 존재로 인식하게 됨으로써 자아존중감의 향상과 긍정적이고 의욕적인 삶의 자세를 갖게 하는 데 도움을 준다. 자아존중감이 낮은 청소년들은 자신의 문제, 생각, 욕구 그리고 감정 등을 간접적으로 미술로 표현하게 함으로써 자아존중감을 증진시킬 수 있다.

청소년기 학생들에게 경험되는 그룹별 집단 활동은 각각의 개인들에게 유대감과 소속감을 갖게 하고 대인관계를 통한 체험을 할 수 있게 한다는 점에서 매우 유용할 수 있다.

이와 같이 집단미술심리상담은 집단의 한 구성원으로서 개인적 체험과 자기 통찰이며 자기 관리 능력을 습득하고 자기 확신, 타인의 인식, 참여 및 협동 등을 통해 생활 문제 해결에 필요한 태도, 자아존중감, 대인관계 기술을 향상시키는 것이라 할 수 있다.

미술심리상담에서의 저항

미술심리상담을 진행하면서 다음과 같은 저항을 유의해야 한다.

내담자가 과도하게 말을 하거나 하지 않는 경우   위협적인 자료에 대한 억압이 있는 경우, 과도하게 말로 하려 하거나, 주지화, 합리화와 같은 방어기제를 사용할 수 있다. 반대로 말을 너무 하지 않는 경우도 저항일 수 있다. 이때는 인물이나 콜라주의 이미지 위에 말풍선을 그리게 하여 저항을 줄일 수 있다.

내담자가 과도하게 활동적인 경우   연필이나 색연필과 같이 딱딱하면서 통제적인 매체를 사용하는 것이 좋다. 시각적 표현으로 들어가기 전에 활동적인 에너지를 줄여 줄 수 있는 나무와 같은 딱딱한 매체를 활용하여 입체 작업을 해 보는 것도 좋은 방법이다.

사이버 미술심리상담

컴퓨터를 활용한 미술심리상담과 자기 표현 컴퓨터 그래픽이 도입되면서 컴퓨터도 미술심리상담 도구로 잘 활용될 수 있다. 오프라인으로 사진이나 그림을 선택하고, 만져보는 것뿐 아니라 마우스만으로 드래그하고 클릭하는 것만으로 드로잉에서 색칠까지 뛰어난 효과를 내며 완성도 높게 표현할 수 있게 되었다.

컴퓨터를 활용하여 미술심리상담을 하게 되면 특히 컴퓨터 사용에 익숙한 청소년들의 흥미를 자극할 수 있다. 인터넷을 활용하면 원하는 다양한 이미지를 찾을 수 있다. 또한 프로그램을 활용하면 사진 크기의 조정, 복사가 쉽고 색상을 조정하며 원하는 글자체로 바꿀 수도 있다. 직전 단계로 조정하거나, 지우고 고치는 것이 용이하다. 따라서 자신이 표현하고자 하는 바를 더 정확하게 나타낼 수 있다. 이러한 표현 기능은 청소년의 창의성을 높이고 만족도와 성취감을 줄 수 있다. 그리고 영구 보존과 대량 출력, 인쇄가 가능하다는 것도 장점이 된다.

특히 미술심리상담 도구(도화지, 색연필, 크레파스, 잡지, 풀, 가위 등)의 준비없이도 태블릿이나 컴퓨터만으로 간단하게 그림을 그리며 감정을 해소하고 표현할 수 있다는 것이 큰 장점이다. 또한 내담자 스스로 그리고자 하는 욕구나 감정을 해소하고자 하는 욕구가 발생할 때, 상담실의 미술 도구가 없어도 간단하게 자신의 감정을 그림으로 나타낼 수 있어 자신의 감정을 돌보는 기회를 자주 가질 수 있다.

신체적 장애가 있는 내담자가 터치패드를 활용하여 작업할 수 있는 것 또한 장점이다. 손가락 하나로 패드를 터치하는 것만으로도 뚜렷하고 다양한 형태를 정교하게 나타낼 수 있다.

간단한 그림 그리기를 할 수 있는 그림판

마우스를 이용해 스케치하듯 그림을 그릴 수 있다. 색상과 선의 두께를 선택할 수 있고 다양한 질감을 표현하기 쉽다. 글과 그림, 사진을 동시에 한 페이지에 넣을 수 있는 것도 장점이다.

컴퓨터를 활용한 콜라주 미술심리상담 기법   미술심리상담 기법 중 **콜라주**는 하얀 도화지에 직접 그려야 하는 부담감과 저항감을 줄여 준다. 동시에 다양한 그림을 선택하는 표현 방법으로 내담자의 흥미를 높인다. 또한 내담자가 이미지를 통해 자신을 드러내고 표현하게 되므로 자기 표현을 돕는 데 효과적이다.

청소년들은 컴퓨터를 다루는 데 능숙하므로 프로그램 몇 가지 기법을 알려 주면 쉽게 따라 할 수 있다. 주제를 제시하는 방식은 일반 콜라주 작업과 같으며, A4 용지를 두고 활용하고 싶은 이미지와 크기를 대강 정하고 작업하도록 한다. 그렇게 초안 작업을 끝내고 컴퓨터 작업에 들어간다. 이미지를 인터넷에서 검색하고, 원하는 사이즈로 마우스 드래그를 통한 캡처를 하도록 하고, 도화지 역할을 하는 프로그램에 붙여넣기를 한다. 다양한 프로그램을 활용할 수 있지만 필자가 청소년들에게 적용했을 때, 가장 빠르게 접근이 가능하고 용이하게 작품이 나오는 프로그램은 다음과 같다.

컴퓨터를 활용한 콜라주 작업에서 활용할 수 있는 프로그램

- 이미지 선택 : 구글 이미지 검색이나 주요 포털 사이트의 이미지 검색
- 도화지를 대체하는 프로그램 : 파워포인트, 그림판 등
- 가위나 풀을 대체할 수 있는 프로그램 : 오픈캡처와 같은 캡처 프로그램 활용

동영상 제작을 통한 미술심리상담　미술심리상담을 집단으로 진행하며 여러 회기를 거쳤다면, 작품이 여러 개가 나올 것이다. 혹은 개인이 여러 회기를 거치면서 여러 작품이 나왔을 수 있다. 이때 그동안 작업한 작품으로 동영상을 만들 수 있다. 특히 청소년들은 컴퓨터 활용에 관심이 많으며 잘 다룰 줄 안다. 최근 지필고사(중간고사, 기말고사 등) 이외에 중학생의 수행평가가 증가하면서 사전에 자료를 준비하여 수업 시간에 발표해야 하는 일이 많아졌다. 그렇게 발표를 하는 과제 중에는 파워포인트를 활용해야 한다거나 동영상을 제공해야 하는 경우가 있다. 특히 조별 과제도 많은데, 이때는 동영상을 제작하거나 UCC(동영상 등의 콘텐츠를 만들어 온라인상에 올리는 것)를 제작해야 하는 경우가 있다.

　학습 능력이나 성적에 위축되어 효능감이 낮은 학생들이나 발표력에 자신이 없는 친구들 중에서도 컴퓨터를 활용해야 하는 과제에서는 두각을 나타낼 수 있다. 이때 이러한 학생들은 컴퓨터 활용 능력이 빠르고, 정보를 수집하고 재조직하는 데 능력을 발휘할 수 있다. 특히 조별 과제에서 자신의 컴퓨터 활용 능력을 보임으로써 친구들 사이에서 도움을 주고받는 가운데 효능감이 향상될 수 있다.

동영상 제작 프로그램, 무비메이커

찍어 둔 사진으로 간단한 동영상을 만들 수 있는 프로그램이다. 간편하게 배경 음악을 삽입할 수 있고, 자막도 넣을 수 있다. 장면 전환의 효과도 간단하게 조작하지만 다양하게 나타날 수 있으며 동영상 분할도 쉽다.

작품의 보관과 소유권 문제 다루기

상담자는 기록을 보존해야 한다. 미술 작품도 심리검사 결과나 보고서, 상담 과정의 관찰 녹화 테이프처럼 치료와 관련된 자료이다. 작품의 소유권은 조심스럽게 다루어져야 한다. 내담자가 작업했지만 상담자에게도 책임이 있어 법적인 보호자의 소유로 생각될 수도 있으며 기록 차원에서 치료 기관에서 갖고 있어야 한다고 보는 경우도 있다. 내담자의 동의하에 작품을 타인에게 공개할 수 있지만, 인적 사항에 대한 비밀을 보장해야 한다. 또한 사이버상의 동의도 필요한 시대가 되었으므로 동의 내용이 더 필요할 수 있다.

상담자에게 맡긴다는 것의 의미　내담자들에게 미술 활동은 자신이 풀어놓은 감정, 자신들의 고통을 조금이라도 덜어 주는 시간으로 여길 수 있다. 따라서 상담자가 내담자의 미술 작품을 보관하고 있게 되면 내담자는 자신의 혼란스러운 감정이나 고통을 상담자가 잘 보관해 준다고 느낀다. 정리가 되지 않은 감정들을 집으로 가져가 소유하고 싶어 하지 않을 수 있다. 그런 마음 상태에서 상담자가 잘 보관해 주면 내담자는 안정감을 느낄 수 있다.

작품을 만든 내담자가 작품을 가져가고 싶어 하는 경우　내담자가 미술 활동을 좋아했고 작품에 대해 좋게 생각할 때 가져가겠다고 하는 경우가 있다. 상담자는 치료적인 관점에서 이 점을 존중해야 할 수 있으나, 복사본을 만들어 주고 원본은 상담실에 보관하면 된다.

법적인 문제가 개입되는 경우　내담자의 미술 표현이 법정에서 증거로 사용될 수 있을 때에는 반드시 미술 작품을 그대로 상담실에 보관하여야 한다. 아동, 장애인, 노인들의 작품인 경우 가족의 비밀을 담고 있거나 가족에게 학대당한 경험을 분명하게 드러내고 있기도 하므로 내담자를 보호하기 위해 안전하게 보관하도록 한다. 다만 정서적 외상이나 위기, 정서적·신체적 학대 등을 받은 경우 내담자의 작품은 고통스러운 기억을 담고 있다. 상담자가 자신의 작품을 안전하게 보관하는 모습을 통해 자신의 어려운 환경으로부터 안전함을 느낄 수 있게 된다.

저작권 문제　작품을 타인에게 공개할 때는 내담자의 동의가 있을 때 가능하다. 내담자의 동의를 얻어 작품을 도서에 실을 수도 있지만, 전자책이나 웹사이트에 그림을 싣는 것 또한 별도의 허락을 받아야 한다. 따라서 동의서에 '전자 게시 및 비도서 형식'에도 동의하는 내용을 한 줄 더 기입해야 한다. 그럼에도 작품을 만든 내담자에 대한 인적 사항에 대한 비밀은 보장하여야 하며, 상담자는 비밀 보호에 책임을 져야 한다.

그림 심리진단 기법

빗속의 사람

개괄

빗속의 사람(Person In The Rain : PITR)은 아놀드 에이브럼스 암친(Anold Abrams Amchin)에 의해 개발된 것으로, 인물화 검사에 '비'라는 요소를 추가한 것이다. 즉, 내담자에게 빗속에 서 있는 사람을 그리도록 한다. PITR은 현재 겪고 있는 스트레스의 정도와 스트레스 대처 능력을 측정하는 투사 그림검사이다.

진단의 목표

그림 속의 사람은 자아상을 나타내며, 내담자의 자아존중감 및 자아 개념을 파악할 수 있다. 비는 외부에서 오는 곤란한 상황이나 스트레스 상황을 의미한다. 비가 내리는 상황에 대해 대처하고 있는 사람의 모습을 통해서는 내담자의 외부 자극이나 스트레스에 대처하는 방식을 알 수 있다.

실시 방법

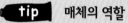

A4 용지 1장, 연필(2B~4B), 지우개

> **tip** **매체의 역할**
>
> **연필**
> • 소묘의 매체 중 표현이 자유롭고 수정 가능한 재료이다.
> • 2B~4B : 미술용으로 주로 사용되며 심이 부드럽고 진하다.

지시문

- "지금 비가 내리고 있습니다. 빗속의 사람을 그려 주세요. 만화 캐릭터나 막대기 모양이 아닌 머리부터 발끝까지 온전한 사람을 그려 주시면 됩니다. 시간 제한은 없습니다."

기타 질문 대응법
- 용지의 방향과 몇 사람을 그려야 하는지 등에 대해 질문하면, "자유입니다. 마음대로 그리시면 됩니다."
- "저 그림 잘 못 그리는데요."라고 하면, 평가를 하려는 의도가 아님을 밝히며 편안하게 그릴 수 있도록 유도한다. "잘 그리려고 하기보다는 성의 있게 그리시면 됩니다."라고 대응한다.
- 집단으로 실시하게 되면, "옆 사람의 그림을 보거나 따라 그리지 말고 자신의 그림에 집중하시면 됩니다."라고 한다.
- 그림을 다 그린 후에는, 그림 속의 인물이 누구이며, 그 사람이 무엇을 하고

있는지, 어떤 기분인지 말하도록 한다.

- 검사의 해석은 절대적인 것이 아니며 본인이 자신을 이해하기 위한 도구일 뿐이라고 안심시키도록 하고 너무 깊은 수준의 탐색은 주의한다.
- 질문 사항에는 자유라고 답하며, 주어진 도구와 지시 사항 외에는 자유롭게 표현할 수 있도록 유도한다.
- 그림의 모양이나, 크기, 위치, 방법 등에 대해서는 어떠한 단서도 제공하지 않도록 주의한다.

진단의 해석

스트레스 영역

- 웅덩이, 구름, 번개와 같은 스트레스 요소가 사람과 가깝게 접촉하는 경우는 매우 강한 스트레스를 표현하는 것으로 볼 수 있다.
- 비의 양이 많고 비와 바람의 세기가 강하며, 비와 사람의 접촉이 많고 스트로크(선의 질감)가 불균형하면 강한 스트레스를 표현하는 것임을 알 수 있다.
- 비와 바람의 세기가 강하다는 것은 외부적 곤경이나 스트레스 환경에 강한 영향을 받는다는 것을 의미한다.
- 비와 사람의 접촉은 자아가 스트레스에 대한 접촉이 많다는 것을 의미한다.
- 스트로크는 움직임이 있거나 분단되고 흐트러짐이 있는 불안정한 스트로크는 내적 혼란과 장애의 징후를 나타낸다고 볼 수 있다.

대처 자원 영역

- 직접 보호물의 적절성이 부족한 것은 사람이 우산을 쓰고 있으나 그 형태가 작아 비를 맞는 것처럼 스트레스를 피할 수는 있지만 자아를 온전히 보호하 거나 스트레스를 해소시켜 줄 수 있는 대처 자원으로서의 능력은 부족함을 의미한다.

- 간접 보호물은 나무, 가로등, 처마와 같이 사람이 직접 가지고 있지는 않지만 간접적으로 비로부터 보호해 주는 것으로 자아에게 없는 대처 자원을 주변 요소에서 찾고 있는 것으로 볼 수 있다.

- 간접 보호물이 없거나 적절성이 부족한 것은 스트레스로부터 자아를 보호해 줄 수 있는 요소가 주변에 없거나 있어도 대처 자원으로서의 능력은 부족함 을 의미한다.

인물 영역

- 인물의 위치가 중심을 벗어나거나 가장자리에 위치한 것은 자아존중감이 낮 거나 자아의 중심이 분명하지 않은 것으로 볼 수 있으며, 자아중심적 경향이 부족하므로 주변 상황에 따른 영향을 많이 받을 수 있다.

- 인물의 표정은 자아에 대한 이미지를 나타내는 것인데, 화가 나 있거나 우울 하거나 무표정한 것은 자아에 대한 이미지가 부정적인 것을 의미한다.

- 인물의 크기가 작은 것은 자아가 위축되어 있거나 자신을 작게 느끼고 있어 자신감이 낮은 것으로 볼 수 있다.

- 인물의 비례가 불균형한 것은 자아에 대한 안정감이 부족한 것으로 볼 수 있다.

- 신체 부위의 생략에서 신체 부분이 왜곡되거나 생략되어 있을 때에는 심리

적 갈등이 그 부분과 관련이 있음을 나타낸다.

－손이 생략된 경우 : 자신을 감추거나 드러내기 꺼려할 수 있다.

－발이 생략된 경우 : 생략된 경우는 현실에 대한 안정감이 떨어지거나 불안
정한 자아상을 가지고 있을 가능성이 있다.

－목이 생략된 경우 : 충동 통제를 상징하는 부분으로 가늘고 긴 목은 충동
통제의 어려움을 나타내며 생략된 것은 통제가 적절히 이루어지지 않음을
의미한다.

• 직접적인 스트레스에 대한 대처 자원은 부족하지만 자아상이 긍정적으로 나
타나면 대처 능력이 있다고 보아야 한다.

• 스트레스에 대한 대처 자원은 있으나 자아상이 부정적으로 나타나고 갈등
상황이 있을 것으로 예상된다면 자아가 지닌 스트레스 대처 능력도 부족할
것으로 예상할 수 있다.

사례 예시

사과나무에서 사과 따는 사람 그리기

개괄

사과나무에서 사과 따는 사람 그리기(A Person Picking an Apple from a Tree : PPAT) 검사는 그림을 그린 사람의 문제 해결력을 측정할 수 있다. 즉, 사과를 따는 방법과 태도는 현실에서의 문제 상황에서 대처 방식을 반영할 수 있다.

진단의 목표

이 검사는 나무와 사람으로 표현되는 자기상과 문제 해결, 목적의 성취 방법을 알아볼 수 있는 기법으로 문제해결 능력을 살펴볼 수 있다.

사과나무라는 문화적으로 친숙한 주제를 사용함으로써 다양한 문화와 연령의 사람들에게 적용할 수 있고, 명확한 주제를 제시함으로써 동일한 내용을 볼 수 있어 시간 경과에 따른 내담자의 변화 정도를 비교할 수 있다.

실시 방법

검사 도구

8절 흰색 도화지, 마커 12색(빨강, 주황, 노랑, 연두, 녹색, 밝은 파랑, 파랑, 보라, 분홍, 갈색, 마젠타, 검정)

- 마커는 통제성이 높고, 복원성이 낮으며 색감이 명확한 매체여서 통제에 대한 욕구, 조심성, 억제적 경향을 확인할 수 있다.
- 마커는 지우개로 지울 수 없다는 점에서 연필화와 다른 방식으로 마커 사용 반응을 살필 수 있다.

- 종이의 가로와 세로 사용에 영향을 주지 않기 위해 종이를 비스듬하게 제시한다.
- 종이를 배부한 후, "사과나무에서 사과를 따는 사람의 그림을 그리세요. 시간 제한은 없습니다."라고 지시한다.
- 검사를 진행하는 중에 "사람은 한 명만 그려요?", "나무는 몇 그루 그려요?", "색칠도 해야 돼요?" 등의 질문을 받는 경우 "원하는 대로 하시면 됩니다."라고 답한다.
- 집단으로 실시할 경우, 다른 사람과 이야기하거나 보고 그리게 되면 결과가 달라질 수 있으므로 조용히 자신의 그림에 집중할 수 있도록 상담자가 유도하는 것이 필요하다.

진단의 해석

PPAT 검사는 표준화된 평가 도구이다. 평가 기준은 형식척도와 내용척도로 나눈다. 형식척도는 14가지 하위 요소로 구성되며 각 영역별로 0~5점으로 채점되는 6점 척도이다. 내용척도의 하위 요소는 총 13가지로, 인물에 대한 구체적인 내용과 나무, 환경 및 기타 요소에 대한 척도를 포함한다.

이 책에서는 청소년 학습상담에 관련하여 문제해결 능력을 보기 위한 부분으로 PPAT를 활용하여 크게 여섯 가지 영역으로 구분하였으며 그림 심리진단 기법을 치료 기법에 응용하였다.

그림의 전체적 인상 내적 에너지, 그림을 그릴 때 사용한 공간의 통합성과 공간 사용의 조화로움을 본다. 먼저 그림을 그리는 데 사용된 에너지의 양을 살펴본다. 공간 사용은 내포된 에너지의 정도와 밀접한 관련이 있으나 공간 사용이 높다고 해서 반드시 에너지가 높은 것은 아니며, 에너지는 색이나 선의 질을 함께 고려해야 한다. 색칠 정도, 선의 질, 공간 사용, 색의 다양성 등의 요소를 종합적으로 고려하여 어느 정도의 에너지와 노력을 기울여 그렸는지를 본다.

그림에 사용된 색 이 검사는 색을 사용한다. 12색 마커를 사용하는데, 이러한 유채색 도구의 사용은 개인의 성향, 수검자의 참을성, 통제 능력, 부가적인 정서 반응 등을 알 수 있다.

먼저 그림의 색칠 정도와 색의 적절성을 본다. 색칠 정도는 그림을 그린 사람이 어느 정도 색칠을 하였는지를 평가한다. 일반적으로 외곽선만을 그린 것보다 형태의 내부와 배경을 채색한 그림이 더 건강하다고 볼 수 있다. 색의 적절성은 그림에서 색이 각 대상에 맞게 얼마나 적절히 사용되었는가를 평가한다. 예를 들면 사과를 표현하는 데 보라, 검정, 파랑에 비해 빨강, 노랑, 초록, 진한 초록이 적절하다. 그리고 전체 그림에 사용된 색, 사람에 사용된 색을 본다. 주어진 12개의 색 중에서 그림에 사용된 색의 가짓수를 본다. 피부색의 표현과 옷을 포함한 사람과 관련하여 사용된 모든 색을 파악한다. 인물이 여러 명인 경우에는 사과를 따는 행위를 하고 있고, 자세하게 표현된 순서로 살펴본다.

그림에 나타난 문제해결 능력 사과를 따는 태도는 그 사람이 문제 상황에서 어떻게 대처해 나가는지를 알 수 있는 지표가 된다. 또한 사과를 획득하는 방법뿐 아니라 획득한 사과를 보관하고 운반하는 등의 추가적인 요소를 통해 현실에서 문제 상황에 대처하는 개인의 특성을 살펴볼 수 있다.

그림에서는 논리성, 사실성, 문제해결 능력을 살펴본다. 논리성은 즉, '사과나무에서 사과를 따는 사람'이라는 주제와 연관하여 논리적인지를 보는 것으로, 추상적인 사고의 능력을 평가하려는 것이다. 예를 들어, 사과나무 대신에 크리스마스 트리를 그리는 경우가 이에 해당한다. 단, 그린 이가 의도적으로 유머러스하거나 풍자적으로 표현한 경우는 해당되지 않는다. 사실성은 그림들이 얼마나 사실적으로 그려졌는지 본다. 그림에서의 사실적 묘사는 그림의 발달 단계와도 연관이 있을 수 있으며 대상의 형태뿐 아니라 대상들과의 상대적인 크기 등도 함께 고려한다. 문제해결 능력은 사람이 나무에서 사과를 얻는지를 보며, 효과적인 방법으로 얻는지를 살펴본다. 문제 해결 수준과 방법은 그림을 그린 사람이 현재 당면한 문제와 관련이 있으며, 그 사람의 삶의 양식을 엿볼 수 있다.

그림에 그려진 인물 인물 그림을 통해 자신을 어떻게 생각하는지 알 수 있다. 인물의 신체 형상이나 크기, 생략, 세부 묘사, 왜곡, 움직임 등을 평가하여 자기 개념과 불안, 갈등, 충동적 태도와 같은 심리 상태 등을 드러나게 해 준다. 특히 인물의 동작성은 그림을 그린 사람의 실제적 에너지와 관련이 있다.

사람의 형태가 왜곡되지 않고 균형에 맞으며 완전하게 그려졌는지를 보는 척도도 되는데, 이때 그려진 사람의 크기를 고려하여 살펴본다. 인물 표현은 그린 사람의 신체상을 보여 준다. 만일 그림에 그려진 사람의 모습이 심하게 왜곡된 모습이라면 그린 사람의 왜곡된 지각을 나타낸다고 볼 수 있다. 아동에게 있어 왜곡이나 생략은 정상적인 것으로 간주되며, 반복적인 왜곡이나 생략은 외상 후 스트레스 장애의 표현일 수 있다. 사람의 에너지 수준은 구체적인 행위를 통해서 살펴볼 수 있다. 인물의 얼굴 방향과 사과나무의 위치가 일치하는지 아니면 얼굴과 몸 혹은 사과나무의 방향이 일치하지 않는지 볼 수 있다. 그림에서는 사과나무와의 역동으로 인하여 옆 얼굴이 많이 그려진다.

그림에 그려진 사과나무 나무 그림은 무의식적으로 현재 상황이나 당면한 목표의식 정도를 표현하기도 한다. 또한 자신을 어떻게 보는지 드러내므로 개인의 성격 발달이나 성격 성숙도를 이해할 수 있다. 나무 그림을 평가하는 기본적인 구성요소는 뿌리, 줄기, 가지, 수관, 꽃, 열매 등이며 필압, 위치, 형상 등을 고려하여 평가한다.

사과나무의 요소인 기둥과 가지, 줄기, 사과가 적절하게 그려져 있는지 확인하

고 사과의 개수를 확인한다. 사과나무의 요소 중 나뭇가지나 줄기 중 어느 한 요
소가 없다면 '사과나무 없음'에 표시한다. 사과의 개수를 볼 때는 땅에 떨어져 있
거나 손에 들고 있는 사과 등 그림에 그려진 모든 사과를 포함한다. 사과가 수관
끝에 달린 것보다 가지에 달린 것이 더 적절하다. 또한 나무의 색이 적절히 묘사
되었는지도 확인한다. 나무 기둥은 갈색이나 검정색으로 표현하고, 수관은 초록
이나 연두색으로, 사과는 빨강이나 노랑, 연두, 초록색으로 표현하는 것이 일반적
이다. 기타 독특한 색으로 표현하면 다른 정보를 얻을 수 있다.

그림에 그려진 기타 요소   그림에 그려진 기타 요소란 대상물의 세부 묘사와 주변
환경으로 그림 안에서 얼마나 다양한 항목들이 묘사되고, 얼마나 상세하게 표현
되었는가이다. 그림의 발달 단계를 보는 것도 필요한데, 청소년기 발달 단계의 그
림은 표현되어진 대상의 비례와 균형을 들 수 있다. 많은 사람들이 청소년기에 그
림 그리는 실력이 멈추게 되므로, 정상 성인의 그림에서 청소년기와 성인기의 그
림이 일반적으로 함께 나타난다.

　선의 질과 그림 안에서 선이 얼마나 조절되었는가를 볼 필요가 있으며 그림에
서의 선들이 의식적인 통제 없이 반복적으로 그려졌는지를 살펴보고 그림에서 표
현된 사람이나 나무의 기울기 정도도 살핀다. 또한 세 가지 기본 구성 요소(사람,
나무, 사과) 이외에 다른 사물들이 그려져 있는지 본다. 묘사된 주변 환경이 주제
와 관련이 있는지, 그 양은 얼마나 되는지 확인한다.

동적 학교생활화

개괄

동적 학교생활화(Kinectic School Drowing : KSD)는 자신과 학교에서 관련 있는 인물인 친구들, 교사가 무엇인가를 하고 있는 그림을 그리게 함으로써 학교에서의 상호 관계 및 학업 성취를 알아보는 투사기법이다. 또한 투사검사 도구로서의 역할뿐만 아니라 아동 및 청소년의 상담과 심리치료에도 유용하다.

진단의 목표

이 검사는 학교생활에 영향을 줄 수도 있는 아동의 관계적인 문제들을 확인하기 위한 것으로 상담에서는 아동의 향상 과정을 점검하는 데 사용될 수도 있다.

실시 방법

검사 도구

A4 용지, 4B 연필, 지우개

제시 방법과 지시문

검사 전 준비 사항

학생들에게 그림은 평가를 위한 것이 아니고 학생의 전반적인 사항을 이해하는데 도움을 주기 위해 실시한다는 점을 명확히 한다.

지시문

- "학교 그림을 그려 보려고 합니다. 그림에는 당신 자신을 포함하여 선생님과 학교의 또래 친구들을 그리시면 됩니다. 만화나 막대기 같은 사람이 아닌 완전한 사람을 그려 주세요. 그리고 그들 모두가 무엇인가를 하고 있는 것을 그리도록 합니다."
- 지시 사항에 나와 있는 선생님, 친구, 자신은 꼭 그리도록 한다.
- 그리는 도중 여러 가지 질문에 대해서는 "자유입니다. 그리고 싶은 대로 그리세요."라고 하고 어떠한 단서도 주지 않도록 한다.
- 용지의 방향은 내담자가 자유롭게 선택하도록 하며 시간 제한은 하지 않아도 되지만, 보통 20~40분 정도 소요된다.

그림을 다 그린 후

개인으로 실시할 경우에는 일반적으로 상담자가 질문을 하고 별도의 기록지에 기록을 한다.

집단으로 실시할 경우 도화지에 이름을 작성하도록 하고 다음의 내용을 기록하도록 한다.

- 인물을 그린 순서를 기록한다.
- 그림 속 인물이 누구인지 기록한다.

뒷장의 여백에는 다음과 같은 내용을 적도록 한다.

- 자신이 그린 학교생활화에 제목을 붙인다.
- 그 인물이 무엇을 하고 있는지 기록한다.

진단의 해석

전체적 인상

- 전체적 표현에서는 구도와 비례 균형이 잘 되어 있을수록 학교에 대한 적응 수준이 높음을 보여 준다.

인물의 특징

- 얼굴이나 손, 신체 부위를 적당히 드러낼수록 타인에 대한 우호적인 생활 적응을 하고 있음을 보여 준다.
- 비우호적인 표정으로 자신을 표현할수록 적응상의 문제를 나타낼 수 있다.
- 얼굴의 이목구비가 많이 드러날수록, 얼굴 표정이 우호적일수록, 손이 드러나 보일수록 학교 적응력이 높을 가능성이 있다.
- 표정은 얼굴의 감정을 드러내기 때문에 수업 적응의 유무를 판단할 수 있다. 따라서 수업 적응이 높은 청소년은 우호적인 표정인 경우가 많다.
- 자신의 표정을 비우호적으로 그린 경우 학업 스트레스가 높을 수 있다.
- 중학생 남학생의 경우 자신과 친구를 정면으로 그릴 경우 사회적 자신감이 높았고, 여학생의 경우 자신과 친구를 정면으로 그릴 경우 학습적 효능감이 높게 나타났다.
- 친구와 관계가 좋을수록 친구의 표정이 드러나는 얼굴을 드러내어 친근감을 표시할 수 있다.

역동성

- 여고생은 상호 작용이 없는 경우에 스트레스가 높았으며 피학성과 가학성이 있을 때 스트레스 수준이 높을 수 있으니 주의해야 한다.
- 인물 간의 상호 작용에서 교사와의 상호 작용이 높을수록 수업에 대한 적응력이 높을 수 있다.
- 자기 지각이 부정적인 집단에서는 가학성이 있는 교사를 그리는 경우가 많으며, 경직된 자세의 교우를 그리는 경향이 높았다고 했다.
- 자기 지각이 높을수록 교사와 협동하는 그림을 많이 그렸고 자기와 교사가 우호적인 표정을 짓고 있는 그림을 많이 그리는 경향이 있다.
- 구분을 따로 짓지 않고 자신-교사 간 거리가 짧을수록 환경에 대한 적응이 높을 수 있다.

사례 예시

미술심리상담 기법

잡지 콜라주

개념

잡지 콜라주는 잡지의 이미지를 활용하여 오려붙이는 콜라주 기법으로 특별하게 정해진 구체적인 방법은 없으며, 상담자가 다양한 방법으로 응용하여 실시하고 있다. 이러한 기법은 직감이나 감각 등의 기능을 이용한 현대적인 치료 기법으로 잡지, 종이, 가위, 풀만 있으면 언제든지 실시가 가능하고 그림에 저항이 있는 사람에게도 도입이 쉽다.

기술적으로도 간단하여 유아에서 노인에 이르기까지 연령에 상관없이 실시할 수 있으며 표현 방법에 의해 그 삶의 성격 또는 병리성을 파악할 수 있다. 또한 욕구 및 분노의 표출, 희망의 상징 등을 나타낼 수 있는 기회를 제공함으로써 그림 그리는 것에 대한 저항, 공포, 수줍음 등을 감소시켜 내담자의 내면 의식을 잘 드러내도록 자극하고 촉진하는 역할을 한다.

치료적 요인은 자신이 원하는 것을 선택하고 원하지 않는 것은 회피할 수 있는 안정성이 있다는 것이다. 즉, 재료를 자신이 원하는 대로 선택해 잘라 낼 수 있고 자른 후에도 얼마든지 버릴 수 있는 여유로움을 갖게 된다. 이러한 과정을 통해 심리적인 퇴행과 카타르시스를 경험할 수 있다. 자신의 작품에서 자신의 현재의 모습이나 미래를 통찰하는 과정을 통해 스트레스가 이완되는 효과나 스트레스에 대한 저항력이 생긴다고 할 수 있다.

그림으로 표현해야 한다는 부담감을 덜어 주고 다양한 매체들과 재질에 따른 표현 방법으로 자신의 흥미와 자신감을 유도해낸다. 이러한 과정에서 자신의 내면 세계를 부담 없이 드러낼 수 있다.

실시 방법

준비물

도화지, 가위, 풀, 다양한 잡지 및 사진, 색채 도구(색연필, 사인펜 등)

방법

- 준비물을 준비한 후, 주제를 제시하고 마음에 드는 사진이나 그림을 자유롭게 잘라 도화지에 붙이도록 한다.
- "잡지에서 마음에 드는 것을 오려서 도화지에 붙여 주세요. 가위로 오려도 되고 손으로 찢어도 됩니다."와 같이 지시한다.
- 사진이나 그림은 원하는 위치에 풀을 이용하여 붙이도록 하고 제한 없이 자유롭게 활동할 수 있도록 한다(자르는 방법은 내담자에 따라 가위를 이용할 수도 있고, 손으로 찢을 수도 있다. 연령이나 증상을 고려하여 실시한다).
- 작품을 완성하면 제목을 붙이도록 하고. 제목을 붙인 이유를 물어보거나 관련 내용을 함께 이야기한다.

상담 시 주의할 점

- 잡지 내용을 읽지 않도록 주의시키고 작업에 집중하도록 유도한다.
- 집단으로 실시하는 경우, 옆 사람과 장난하거나 이야기하지 않도록 유도한다.
- 제목을 모르겠다고 한다거나, 설명하기 싫다고 하는 경우에는 그대로 수용한다.
- 상담자가 작품에 대해 함부로 해석하지 않도록 주의한다.
- 내담자가 말하고 싶어 하는 만큼만 이야기하도록 한다.

해석

(1) 형식적 분석

요소	내용
조각의 수	• 자른 조각의 수를 말하는 것이다. • 욕구가 억압된 경우는 다소 많은 조각을 붙이는 경향이 있다. 에너지가 적은 경우나 우울증 환자의 경우 적은 조각 수, 약 세 조각 이하를 붙이기도 한다.
여백의 유무	• 도화지에 여백이 있는지 없는지를 평가하는 것이다. • 대부분 초·중·고등학생들은 여백을 두고 작품을 구성한다. • 여백 없이 사진으로 꽉 찬 경우에는 내담자의 심리 상태에 주의를 기울일 필요가 있다.
종이 이탈	• 사진 조각이 종이 밖으로 벗어났는지 아닌지를 평가한다. • 병리성이 높은 경우나 정신분열증 환자의 경우, 종이를 이탈하여 붙이는 경우가 많으나 일반인의 경우 에너지가 많은 것으로 해석할 수 있다.
뒷면 사용 유무	• 종이의 뒷면을 사용했는지 평가한다. • 에너지가 많거나 감추고 싶은 무의식이 표현된 것으로 볼 수 있다. • 대부분의 초·중·고등학생은 뒷면을 사용하지 않는 경향이 있다.
중첩	• 자른 사진 조각을 겹쳐서 붙이는 것을 말한다. • 밑에 감춰진 것이 무의식의 표현일 수 있으므로 살펴볼 필요가 있다.

자른 방법	• 자른 모양이 삼각, 사각, 원형, 타원, 사물 형태, 부정형, 손을 찢음, 사진 조합 등으로 구분한다. • 일반적으로 자른 형태를 통해 성격을 파악할 수 있다. • 사물의 형태에 따라 섬세하게 자른 경우 강박적인 행동으로 볼 수 있다. • 대부분의 사진을 하나의 형태로 잘랐는데, 한 사진만 유독 다른 형태로 자른 경우 그 사진 속의 의미가 담겨 있을 수 있으므로 주의 깊게 살펴봐야 한다. • 초 · 중 · 고등학생 모두 자른 방법이 두 가지 형태 이상이 섞여있는 복합 형태가 가장 많은 것으로 나타났다.
문자의 사용 유무	• 문자의 사용 여부를 살핀다. • 한자, 한글, 영어, 숫자인지 확인한다. • 문자는 방어적인 표현으로 붙이거나 내담자의 메시지를 전달해 주는 목적으로 사용되는 경우가 많다.
무채색 사진의 사용 유무	• 흑백 사진을 사용했는지 평가한다. • 초 · 중 · 고등학생 모두 흑백 사진보다 컬러 사진을 선호한다. 따라서 색채가 있는 사진 속에 무채색의 사진이 있는 경우는 그 사진의 의미에 대해 주의 깊게 살펴볼 필요가 있다.
공간 배치	• 공백이 전체에 고루 분포되어 있는지 특정 부분에 집중되어 있는지를 평가한다. • 콜라주에서 융이 설명하는 공간 도식을 도입하는 경우가 많다. 중앙은 자기의 영역으로 볼 수 있다.
종이 위치	• 세로 혹은 가로로 사용했는지 평가한다. • 일반적으로 가로 용지를 선호한다. 종이를 세로로 사용하는 경우 추상성이 높으며 현실과 거리를 두고 싶다는 욕구 표현으로 볼 수도 있다. 또는 이상적인 세계 또는 정신적인 세계를 표현하는 경우에 사용하기도 한다.

(2) 내용 분석

모든 사물에는 상징적인 의미가 있다. 하나의 사물은 여러 가지 의미를 갖고 있고 하나로 함축하기에는 무리가 있으며, 개인의 경험과 문화적 환경에 따라 상징적 의미가 달라질 수 있으므로 만든 사람의 설명을 중요시 여기며 해석하는 것이 매우 중요하다.

- 자연 풍경

  자유로움, 여행, 현실과 다른 세상, 일탈, 현실 도피, 휴식을 의미한다.

  −바다 : 자유로움, 무의식, 시원함

  −하늘 : 성공, 비상, 남편

- 인간, 신체

  자신의 현실이나 이상을 나타낸다.

  −눈 : 통제, 감시, 타인의 시선, 두려움, 평가받다, 편견

  −입 : 소리 내다, 주장하다, 공격적인 언어, 사랑의 표현

  −귀 : 소리 없는 소문, 비밀, 관심, 엿듣다

  −가슴 : 어머니, 따뜻하다, 모성애, 음란성

  −손 : 함께하다, 칭찬, 만들다, 포옹, 도움

  −발 : 역동성, 움직이다, 열심히 하다, 공격적, 맨발의 청춘

- 동물

  활동성, 본능적인 에너지 혹은 자기 자신을 의미하기도 한다.

  −소 : 부지런함, 우직함, 착하다, 힘이 있음

  −말 : 강인함, 역동성, 자유, 에너지

  −검은 고양이 : 복수심, 공포스러움, 날렵함

  −토끼 : 귀여움, 어린아이, 재치 있음

  −개 : 귀여움, 보호해 주어야 하는 대상, 친구, 충성, 가족

- 식물

  −꽃 : 가시, 향기, 유혹, 선물, 아름다움, 여자

  −꽃봉우리 : 성취를 위한 준비, 미숙함, 기대됨, 소녀, 수줍음

- 인공물

  - 방 : 휴식, 자신만의 공간, 도피, 하고 싶은 것을 하는 공간

  - 펜 : 공부하고 싶다, 표현하고 싶다, 전문성, 집중, 자존심

  - 침대 : 쉬고 싶은 마음, 새로운 일에 대한 준비, 무기력함

  - 책 : 학구열, 중압감, 학업 스트레스, 아이디어, 지혜

  - 지도 : 방향성, 도전, 성장, 두려움, 여행, 탐구

  - 카메라 : 추억, 기억하다, 남을 보다, 관찰, 정지

- 음식물

  - 본능적인 욕구, 양육, 여성성, 에너지, 건강, 가족, 어머니

  - 보양식 : 가족, 남편, 보호하다, 에너지 비축, 피곤함, 돌봄

  - 와인 : 분위기, 파티, 축하, 고급

- 의복

  - 시계 : 체계적, 약속, 계획, 압박, 강박성

  - 가방 : 보관하다, 학업, 떠나다, 여행, 추억, 핸드백은 여성스러움

  - 구두 : 돌아다니고 싶다, 외출하다, 불편함, 아픈 발, 우아함, 뽐내다

  - 제복 : 학위나 지위에 대한 열망, 권위적, 완벽함, 갑갑함, 전문가다움

  - 선글라스 : 감추다, 멋스럽다, 명품, 휴가, 경계하다, 시선, 연예인

  - 립스틱 : 사회적인 힘, 치장하다, 화려함, 기분 전환, 변신, 여성스러움

- 교통 수단

  - 자동차 : 달리다, 힘이 있다, 추진력, 여행, 부의 상징

  - 비행기 : 자유로움, 일탈, 도전, 벗어나고 싶다, 여행

  - 배 : 어머니, 새로운 세계, 목표, 침몰, 멀미, 위태로움, 고달픔

- 기타
    - 하트 : 사랑의 표시, 애정 욕구
    - 캐릭터 : 유아적이다, 감추고 싶다, 귀엽다, 친구

콜라주의 다양한 기법

엽서 콜라주 엽서 콜라주는 엽서 크기의 도화지에 제시된 주제를 표현하는 것이다. 엽서 콜라주의 특징은 실시 시간이 짧고, 연작이 가능하며, 주제를 정하는 것이 자유롭다는 점이다. 또한 메시지 전달력이 강하다.

원형 콜라주 원형 콜라주는 원형 안에 콜라주를 실시하는 방법으로 만다라 콜라주라고도 한다.

원형 콜라주는 개인 또는 집단으로 실시할 수 있다. 개인 콜라주 작업을 실시하기 전 명상을 하거나 자신을 가운데 붙이고 시작할 수 있다. 집단원들이 함께 작성하는 집단 원형 콜라주는 상하좌우가 없기 때문에 어느 방향에서든 작성하고 감상할 수 있다.

콜라주 집단미술상담

콜라주 집단미술상담은 두 가지 형태로 나눌 수 있다. 먼저 집단 속에서 개인이 각자의 작품을 완성하는 방법이 있고 집단원이 하나의 작품을 완성하는 방식이 있다.

작품을 완성한 후 긍정적인 피드백이 중요하다. 긍정적인 피드백으로 마음을 편안하게 하고 통찰을 도울 수 있다. 이때 작품을 미적 가치로 평가하거나, 숨은 의미를 파악해 전달하려고 하기보다는 내담자가 의식적으로 작성한 작품을 그대로 수용하고 마무리하는 것이 중요하다. 집단원들이 이러한 작업이 재미있고 즐거운 활동이라고 느끼도록 시작하고 마무리 짓는 것이 좋다.

집단원이 하나의 작품을 만드는 집단 · 집단법은 집단의 역동성을 경험하여 사회성, 타인과의 관계를 바라볼 수 있다. 작업 중에 타인과의 관계가 중요하므로 대화나 교류를 즐기면서 작성할 수도 있지만, 타인의 주장을 이해하고 양보하는 과정을 통해 사회성 기르도록 돕는다.

청소년을 위한 주제 선정 예시

- 내가 갖고 싶은 것, 내가 좋아하는 것
- 나에게 중요한 것을 찾으라
- 나에게 힘을 주는 것들(자아 이해, 자아 표출)
- 나 홍보하기, 나의 과거, 현재, 미래
- 새해 목표 설정하기, 나의 꿈 지도

사례 예시

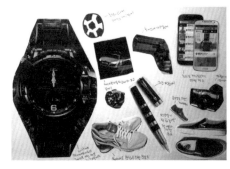

▲ 중2 남학생
(주제 : 갖고 싶은 것)

▲ 중2 여학생
(주제 : 갖고 싶은 것)

▲ 중1 남학생
(주제 : 내가 원하는 삶)

▲ 중2 남학생
(주제 : 자유화 – 자아상)

만다라

개념

만다라(曼茶羅, Mandala)는 고대 인도 범어에 기원을 가지고 있으며, 만다라의 어원을 '만다'와 '라', 두 부분으로 나누어 설명한다. '만다'는 중심 또는 본질이며 '라'는 소유 혹은 성취를 의미하는 접미사로 쓰여, 만다라는 중심과 본질을 얻는 것, 마음속에 참됨을 갖추고 있거나 본질을 원만히 한다는 의미로 요약해 볼 수 있다.

만다라의 주된 형태인 원은 사람이 살고 있는 자연과 주변 환경의 모든 곳에 존재한다고 볼 수 있다. 예를 들어 태양, 꽃, 나무의 나이테, 자전거나 자동차의 바퀴, 거미줄, 달팽이, 과일의 단면, 연꽃, 동심원 등이 만다라의 형태이다.

분석심리학자인 융(C. G. Jung)은 만다라를 처음으로 심리치료 분야에 적용하였으며 자신이 직접 그린 만다라 작업을 통해 내적인 조화를 얻게 되었고 자신의 내담자에게 적용하였다. 그 결과 자신의 내담자의 그림에서 나타나는 원상이 심리 상태나 과정을 그대로 드러내고 있다는 것을 알게 되었다. 또한 상담자들이 개인적인 정신의 위기에서 스스로 만다라를 그리면서 체험했던 일을 계기로 만다라가 미술심리상담에 적용되었다.

　교육적 의미에서는 학생들의 내적 성장을 유도할 수 있다는 기대로서 교육적인 활용으로 이루어지기도 한다. 청소년들에게 적용할 경우 만다라 작업을 지속적으로 하게 되면 긴장이 완화되고 집중력이 증가된다. 또한 명상을 하고 난 후에 시행되면 고요하고 침착해지며 자신의 중심을 발견하는 데 도움을 줄 수 있다. 창의력의 증가되고 능동적이고 적극적인 학습 태도를 갖게 하는 효과도 있다.

실시 방법

준비물

만다라 문양지, 컴퍼스, 도화지, 색채 도구(색연필, 물감색연필, 마커, 크레파스, 파스텔, 오일파스텔, 물감, 포스터컬러 등)

만다라 문양지 예시

장소

- 밝고 조용한 장소로 외부의 간섭을 받지 않는 곳이 좋다.
- 편안한 의자, 탁자, 방석, 매트가 있으면 좋다.

● 고요하면서도 즐거움을 주는 음악이나 초를 키거나 향을 피우는 것도 좋다.

방법

● 주변을 정리하고 허리를 꼿꼿이 펴서 의자에 똑바로 앉는다.
  - 척추가 곧게 유지되면 호흡이 순조롭게 이루어지게 되므로 눈을 집중할 수 있으며, 육체적 긴장을 늦추어 침착하게 된다.
  - 온몸에 힘을 빼고 편안한 자세로 고르게 호흡을 하면서 주어진 주제에 연관된 자신의 생각들을 떠올리며 만다라 문양을 바라본다.
● 눈을 뜨고 앞에 놓여 있는 색상을 보고 선택한 후 색을 칠한다.
● 다 그리고 나면 만다라의 방위를 결정한다. 적절한 방위가 결정되면 만다라 위쪽 꼭대기에 't'자 표시를 한다. 뒷면에는 날짜를 기록한다.
● 만다라에 제목을 붙여 본다. 많은 생각을 하지 말고 만다라를 멀리서 보았을 때 첫인상을 요약하는 것이 좋다.
● 만다라에 나타난 색상 목록을 만든다.
  - 정중앙에 그려진 색상
  - 가장 많이 사용한 색상
  - 첫 번째로 사용한 색상

만다라 주제와 연상된 것들을 떠올리며 3~4개의 문장을 만들거나 느낌을 기록한다. 가장 중요한 것은 자신이 원하는 대로 그리는 것이다.

상담 시 주의점

● 만다라는 같은 것이 있을 수 없다는 것을 알고 옳고 그림과 틀림이 없음을 실

시 이전에 알린다.

- 집단으로 실시할 경우, 자신의 작품과 타인의 작품을 비교하지 말고 자신의 그림을 더욱 유심히 바라보아 자신에게 더 집중하도록 유도한다.

보관과 응용

- 완성한 만다라를 오려서 액자에 넣어 장식할 수 있다.
- 자신이 생활하는 공간에 붙여 두고 만다라와 만나며 대화할 수 있다.

해석

첫째, 만다라의 정중앙에 무슨 색이 칠해졌는지 본다. 이 색은 그릴 당시의 자신에게 중요한 것이 무엇인지를 상징한다.

둘째, 어떤 색상이 가장 많이 사용되었는지 본다. 압도적으로 나타난 색상은 관심이 주로 어디에 있는지를 나타내며, 여러 색상이 골고루 사용되었다면 여러 영역에 고루 관심을 갖는 것으로 볼 수 있다.

셋째, 처음 사용한 색상을 확인한다. 처음 사용한 색상은 자신이 외부에 드러내는 모습을 나타내며, 이를 통해 외부에 대한 자신의 태도를 알 수 있다.

색의 상징

만다라에 나타난 색상을 이해하는 데 도움을 주기 위해 여러 색상에 대한 의미를 정리하였으나, 만다라를 그린 사람마다 의미가 다를 수 있고 문화마다 다른 여러 의미가 있을 수 있으니 다양한 가능성을 열어 두고 색의 의미를 이해하는 것이 매우 중요하다.

검은색 원칙 없이 혼란스러운 상태를 상징한다. 솟아나는 에너지를 의미하기도 한다. 또한 자신의 어떤 부분을 없애고자 하는 것을 의미하기도 한다. 부정적인 의미로는 익숙해 있던 어떤 것을 상실한 것에 대한 두려움이나 우울함을 나타낼 수 있다. 만다라 작업에서의 검은색은 무의식의 창조성, 미지의 세계를 향한 새로운 삶의 모체를 대변한다.

흰색 순결함이나 영적으로 충만함, 변화를 받아들이려는 태도를 의미하기도 한다. 한편으로는 감정이 억압되었다고 볼 수 있다. 특히 만다라의 중심부가 비어 있는 경우는 임박한 변화를 받아들일 자세가 되어 있음을 나타낼 수 있다.

빨간색 긍정적으로는 변화에 필요한 에너지, 열정을 의미한다. 지속적으로 나아가기 위한 의지가 있음을 나타낸다고 한다. 부정적으로는 트라우마, 파괴성을 가진 분노, 고통을 의미하기도 한다. 빨간색이 지속적으로 발견되지 않았다는 것은 수동성 혹은 자기 주장이 부족함을 의미한다. 빨강, 파랑, 초록, 노랑이 조화를 잘 이루고 있다면 내면에서도 조화를 이루고 있다고 할 수 있다.

파란색 돌본다는 의미와 연관된다. 파란색이 압도적으로 나타난 한 여성의 경우 돌봄에 대해 긍정적인 느낌을 가지게 되었다고 한 반면, 남성의 경우 수동성을 나타냄을 발견했다고 하였다. 연파란 색은 조건 없이 주는 사랑과 양육, 불쌍히 여기는 마음을 의미한다. 또한 파란색은 전통적인 것과 헌신적인 가치관을 대변하기도 한다.

남색 위협적인 사건을 경험한 사람에게 나타나기도 한다. 어머니에 대한 불신감을 나타낼 수 있으며, 이를 도리어 다른 사람들을 깊이 이해할 수 있는 특별한 능력을 가지게 될 수도 있다. 직관력이 커지고 지혜로워지고 있음을 나타내며 깊고 의미 있는 삶의 철학이 확장되고 있음을 나타낸다고 볼 수 있다.

노란색 자기애가 잘 정립된 상태로서, 당당하고 에너지가 넘치는 느낌을 가지고 있을 때 나오는 색이다. 사물을 정확하게 보고 현실 가능한 목표를 세우며, 그 목표를 달성할 수 있는 능력이 있음을 보여 준다. 따라서 냉정하고 조용하게 일을 처리하여 균형을 맞추어야 할 것임을 알려 주는 신호라 여긴다. 또한 자율성이 성장한 것과 연관된다. 산뜻한 노란색은 선한 마음이나 호기심 그리고 깨어 있음을 나타낸다. 이는 아버지와 좋은 관계를 유지하고 있음을 말해주는 색상일 수 있다. 칙칙한 노란색은 일상 생활 속에서 권위에 대하여 부정적인 느낌을 가지고 있거나, 마감 기한을 앞두고 부담스러울 때 나타날 수 있다.

초록색　자연의 색상으로서 자라는 것들과 생명력을 가진 것들과 연관되며 자기 내면을 돌보는 것과 더불어 남들을 돌볼 때 나오는 색이다. 만다라에 나타난 초록색은 '부모와 같이 남을 잘 돌보는 능력'을 반영한다. 따라서 어머니로서의 자연을 대변한다는 것이 가장 중요한 의미가 된다. 짙은 초록색의 경우 공공장소에 대한 두려움이 있을 때 나타나기도 한다. 연한 초록색일 때는 능동적이고 수용적인 힘들의 긍정적인 조화를 나타낸다. 노란색이 많이 들어간 초록색은 자신이 지나치게 엄격함을 나타낼 수 있다. 청록색의 경우 정신적인 영역을 스스로 치유할 힘이 있이 있다는 것을 의미한다. 서서히 자신을 돌보려고 할 때 나타나는 색상이다. 부정적인 측면은 감정적인 것을 거부하려고 하는 경향이라고 할 수도 있다

주홍색　건전한 자기 주장과 에너지로 충만한 노력, 야심을 나타내며, 스스로가 무기력해질까 염려하는 상태일 때 나타난다. 반면 힘의 부정적인 사용, 즉 권위에 대한 적대적인 태도나 자제력의 부족을 나타낸다는 주장도 있다.

보라색　자유를 지향하고, 개인적인 성장을 나타내며, 심리적인 조화를 이루고 있음을 말한다. 만다라 작업에서 살짝 곁들인 보라색은 살아 있음에 대한 환희이며, 압도적으로 많이 사용된 경우는 자기중심적이고 권위적 혹은 비현실적임을 나타낼 수 있다. 연보라색은 미덕과 생산성 그리고 감사하는 마음과 연관되어 있

다. 혹은 불신과 경고의 의미도 있다. 심리적인 재탄생을 축하하는 것을 의미하기도 한다. 푸른색을 띤 연보라색의 경우 삶을 위협하는 질병에 걸린 사람들의 만다라에서 볼 수 있다.

분홍색 보호받아야 할 필요성을 나타낸다. 신체적인 질병이나 스트레스를 경험하는 사람들이 선택한다. 또한 여성성과 연관시킬 수 있다. 긍정적인 의미는 자신이 인간의 조건을 수용한다는 것과 감성적인 삶을 나타낸다. 새로운 무엇을 찾아야 할 것과 당신 스스로를 보호해야 할 필요성을 이야기해 준다고 할 수 있다. 복숭아색에서 긍정적인 의미는 성숙한 여성성이나 정신 세계의 잠재력 표출이며, 부정적인 의미는 로맨스가 삶을 지배할 수 있다는 위험성의 경고이다.

마젠타색 창조적인 프로젝트나 자신의 의견을 밝히는 데 필요한 연구를 할 준비가 되어 있음을 나타낸다. 즉, 생산적인 시간이 도달했음을 알리는 것으로 볼 수 있다. 생동감과 흥분 그리고 감정적으로 들떠 있는 것을 표현한다. 부정적인 가능성은 참을성이 없다는 것과 이기주의적이거나 감정적이고 산만하여 집중을 못한다는 것이다. 자율성을 확보하고 자신에게 주어진 소명감을 깨닫고 세계관을 넓히려고 하는 여성들의 만다라에서 많이 발견된다.

갈색 친구 관계에서 느끼는 안정감을 의미한다. 치유 과정이 마감에 가까워질 때도 갈색이 나타난다. 불편한 느낌을 주는 상황으로부터 나와야 하는 것을 의미한다. 스스로 해결할 수 없다고 생각되는 문제에 봉착해 있는 경우에 나타날 수 있다. 이는 오히려 새로운 시작을 할 수 있는 기회를 의미한다. 갈색이 만다라의 중심부에 있을 때 자신이 무가치하다고 비하하고 있는지를 점검해 봐야 한다.

회색 회색은 검은색과 흰색의 혼합으로 중성적인 색상이다. 자신의 윤리성이나 이중적인 모습에 대해 생각하고 있는 단계일 수 있다. 스스로의 모습대로 사는 것이 잘못된 것이라는 죄책감을 경험해 우울함을 나타낼 수 있다. 회색은 다른 색상을 포함하고 있지 않으며, 무채색이기 때문에 느낌의 부재를 의미한다. 또한 감정에 의하여 좌우되지 않음을 나타내기도 한다.

사례 예시

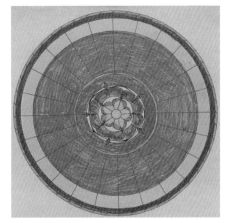

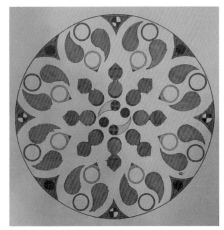

2부

청소년
학습상담과
미술심리상담의
적용

청소년 학습상담 전략

학습 무기력

(1) 개념

학습 무기력이란 '스스로의 의지와 노력으로는 달성할 수 없음을 반복적으로 경험하게 되어 문제 해결에 대한 기대나 행동을 쉽게 포기하게 되는 심리적 상태'를 의미한다.

즉, 지나친 실패 경험으로 자신의 행동이 결과에 영향을 줄 수 없다는 생각 때문에 반응하지 않는 것이다. 또는 어디서부터, 어떻게 시작해야 하는지 판단을 늦추다 행동을 늦게 시작하는 것이다.

학생이 학업을 따라가기 어려울 때, 부모의 지지와 격려 혹은 기대가 지나치거나 무관심하여 정서적으로 안정감을 갖지 못하면 일을 제대로 처리하기 어렵다. 이러한 상황이 자주 발생하면 실패를 반복하고 자신감이 없어지니 행동하지 않기를 결정한다.

학습 무기력은 공부에 여러 번 좌절했다고 느낄 때 발생한다. 학생이 시험 준비를 열심히 했지만, 실패라고 여기는 결과가 반복될 경우 더 이상 시험 준비에 시간과 노력을 투자하지 않을 수 있다. 자신의 힘으로 바꿀 수 없다는 생각이 들 때 공부하지 않기를 '결정'하기도 한다. 이때 실패 경험들을 다양한 성공 경험으로 바꿀 수 있는 개입들이 필요하다.

(2) 상담 전략 1 : 부모 상담-부모의 태도 변화 유도하기

이러한 학생들이 상담실을 찾아왔을 때에는 다음과 같은 전략을 활용하면 좋다.

먼저, 부모 상담을 해야 한다. 학생이 무기력한 모습을 보이는 경우 여러 가지 원인이 있지만, 부모가 상담을 요청하여 오는 경우에는 부모가 초등학교 때부터 과도하게 학원을 보내거나 공부에 신경을 쓴 경우가 많다. 학생의 입장에서는 지나친 부모의 기대에 따라가지 못해, 공부를 하지 않기로 결정한 것이다. "어차피 해도 안돼요. 엄마는 저에 대해서 알지도 못하고 수학을 90점은 받아야 한대요." "성적이 조금 올라도 엄마는 뭐라고 할걸요. 너는 그 정도로 만족하냐며."와 같은 말을 날카로운 표정으로 말하곤 한다. 부모의 입장에서는 따라주지 않는 자녀에게 화가 난다. 하지만 더 들여다보면 자신이 잘못 키우는 것은 아닌가 하고 좌절감과 죄책감을 느끼는 경우가 많다. 상담자는 부모와 자녀 간의 의사소통에서 어느 지점에서 충돌이 있는지 확인하는 것이 필요하다. 부모가 호소하는 어려움을 파악하면서 왜 자녀를 압박하는지, 어느 순간에 가장 자녀를 압박하는지 이야기를 들어야 한다. 그 과정에서 부모는 자신의 행동을 돌아보게 되며, 자녀에게 어떤 행동을 하면 좋을지 다른 각도에서 생각해 보게 된다. 이러한 기회를 통해 부모와 상담자 간에도 신뢰적인 관계가 형성되면 상담이 더 빠르게 진행될 수 있다. 자녀는 부모의 영향을 많이 받기 때문이다. 부모의 태도가 변하면 자녀의 행동도 달라질 수밖에 없다.

공부를 '안' 하려고 하는 학생일수록, 학생 상담보다 부모 상담의 영향력이 크다. 부모 또한 어려움을 갖고 있으므로 부모의 마음이 변해야 학생의 태도가 변할 수 있기 때문이다. 이렇듯 부모 상담은 학생의 상담 지속 및 성공 여부를 매우 크게 좌우하므로, 부모가 매주 상담 회기에 어떠한 생각의 변화를 가져오는지 유심히 관찰하고 부모를 지지해 나가는 것이 필요하다.

나아가 필자의 경험에 의하면 학생과 별도로 부모가 외부에서 상담을 받으면 아이의 변화를 더 인내심 있게 기다려 주며, 아이가 지지적 환경에서 자랄 수 있게 돕는 것을 볼 수 있었다.

학생과 관련해서 초기 상담에 부모님께 가장 먼저 말해 주어야 할 것은, 학생이 보이는 행동에서 추측되는 원인과 앞으로 일어날 일들에 대해 설명하며 반드시 '시간이 걸린다'는 것을 알려 주는 것이다. 그리고 그 과정에서 부모님의 역할이 중요하며 지지적인 태도를 보여 주길 요청하는 것이다. 최소 6개월이 걸리지만, 1년 정도는 진행이 되어야 학생이 스스로 무엇을 하겠다고, 혹은 하고 싶어졌다며 '실행'을 옮기는 단계까지 나아갈 수 있다. 부모님은 이 과정 중에 아이가 느끼는 평소에 하던 '잔소리'를 줄이고 작은 변화에 칭찬이나 지지, 격려해야 하지만 실제로는 힘이 들 수 있다. 또한 꾹 참고 중간고사를 치렀는데, 기말고사도 부모가 원하는 만큼 움직여 주지 않으면 화가 날 수 있다. 하지만 그것이 고비라는 것을 반드시 알도록 하고 학생의 작은 변화를 알아차리는 부모의 모습을 격려하도록 한다. 상담자는 부모의 감정을 헤아리고 인내심을 유지하도록 하는 교육을 해야 한다.

이러한 과정에서 부모도 많이 성장하는 것을 느낀다. 아이가 자신의 욕구에 맞춰 주는 도구가 아니라는 것을 깨닫고, 그러면 자신의 가치관은 무엇인지, 아이가 이 세상을 잘 살아간다는 것은 무엇인지, 학업 성과 외에도 다양한 각도에서 생각해 보게 된다. 그러면 아이도 이러한 부모의 변화를 알게 되고, 부모에게 안기게 된다. 이 단계에 이르면 상담자는 상담을 마무리해도 되는데, 이 단계에 도달하기까지는 약 1년 정도가 소요된다.

(3) 상담 전략 2 : 효능감 올리기 1 - 경험에서 강점 발견하기

두 번째 상담 전략은 학생의 성취를 응원하는 치어리더가 되는 것이다. 학습에 무기력한 모습을 띠는 학생은 학교에서나 부모님에게서나 '멋진 존재', '타인에게 모범이 되는 성공을 보여 준 존재'가 되어 본 지 까마득하다. 보통 학원에서는 '또 엎드려 자는 아이'가 될 수 있다. 이들은 무수한 실패 이전에 성공해 본 경험들이 있으며, 성공으로 인지되지 않았지만 반드시 성공이라 볼 수 있는 것들이 많다. 이러한 것들을 찾아주는 것부터 시작할 수 있다.

이들에게 스스로 성공한 이야기를 말하거나 쓰도록 하면 '기억이 안 난다'거나, '없다'고 하며 쓰기 어려워한다. 따라서 상담자가 학생의 강점을 직접 찾아 줄 수 있는 상담 도구를 활용하는 것이 필요하다. 나의 성취 스토리, 나의 인생 그래프, 성격검사를 통한 강점 확인 등, 가정 또는 학교 생활을 가볍게 이야기한 것 중에 학생의 강점이나 성공한 것들을 상담자가 찾아준다. 그리고 이러한 작업은 회기 내내 집중적으로 이루어지는 것이 필요하다. 학생은 자신의 장점을 찾아주고 같은 상황이라도 다르게 해석해 주는 상담자를 통해 자신을 다르게 보기 시작한다. 물론 처음에는 칭찬을 의심에 차서 듣기도 하지만 그런 학생의 태도에 좌절하지 말고 일관된 반응과 마음으로 대하면 청소년은 그대로 또 흡수한다.

(4) 상담 전략 3 : 효능감 올리기 2 - 학습에서 성과 내기

이 단계는 '다음' 학습 성과를 내도록 협력하는 것이다. 효능감을 향상시키기 위해서는 의미 있는 존재의 지지가 필요하지만, 본인의 성취도 반드시 필요하다. 이들도 시험을 잘 보고 싶고, 공부를 잘하고 싶다. 속내는 그러하다. 그러므로 상담자는 효능감 향상과 함께 성과를 내도록 목표 설정을 함께 해야 한다. 기술 · 가정 과목이나 도덕과 같은 단기간에 성적을 올릴 수 있는 과목으로 해 볼 수도 있지만, 주요 과목으로 성과를 내는 것도 가능하기에 이왕이면 국어, 영어, 수학 과목에서 성과를 내는 것을 목표로 삼기 권한다. 고등학생의 경우에는 모의고사보다는 내신 위주로 목표를 삼고, 방학 기간 동안 모의고사 '탐구' 과목도 공부하도록 하면 성과가 더 잘 나올 수 있다.

그러면 목표는 어느 정도로 설정해야 할까? 이는 반드시 이전 성적 대비 향상으로 봐야 한다. 부모 입장에서는 55점이나 62점이나 크게 다르지 않아 보이지만, 학생들은 그렇지 않다. 학생 입장에서는 상담자의 지지를 받아 오랜만에 조금이라도 힘을 더 내서 해 보는 시도이고 성적이 올라서 일단은 좋은 것 같기도 하다. 그러나 이 결과를 부모님이나 상담자는 어떻게 볼지 몰라 무감각한 표정으로 시험 결과를 가져 온다. 즉, 결과를 어떻게 받아들여야 할지 모르는 상황이 벌어진다. 이때 반드시 상담자와 학부모는 성적이 올랐다는 것에 대한 인정과 '노력에 대한 칭찬'을 해 주어야 한다. 그렇다면 학생은 '이렇게 하나씩 해나가면 되는구나'를 느끼게 되고 성공 경험을 매우 뿌듯하게 느낀다. 그리고 무엇보다 달라진 부모님의 반응에, 자신이 인정받았다고 느껴 계속적으로 공부할 수 있는 힘을 받는다. 고등학생의 경우에는, 모의고사를 중심으로 성적 향상을 대비하려 한다면 '등급'으로 삼지 말고 반드시 '백분위'로 성적 향상을 비교해야 한다.

(5) 상담 전략 4 : 상담의 심화-사랑의 시험 통과하기

상담 초기에 상담자와의 관계가 좋아지는 듯하는 상황에서 중기 단계(8~10개월)로 넘어가면 다시 초기 단계처럼 보이거나 상담자를 시험하거나 선을 넘는 행동을 할 수 있다. 가령 문제 행동을 일으킨다거나, 예의 바르게 행동했던 아이가 버릇없이 상담자에게 행동한다거나 하는 등의 평소와는 다른 행동을 할 수 있다.

상담자는 이러한 상황을 예상하고 있다가, 선을 넘어올 때 그에 맞게 상담 적용을 하면 된다. 선을 넘는 행동은 학생마다 다양한 행동으로 발생한다. 그동안 살면서 조건적인 사랑을 받았다고 느끼기에 더 이런 시험을 하는 것으로 보인다. 그러므로 학생의 행동 양식에 따른 해결 방법은 다를 수 있으나, 결론은 상담자가 학생에게 '그래도 난 흔들리지 않아. 그리고 넌 지지받을 만해.'라는 무언의 메시지를 전하면 된다는 것이다.

　이 과정에서 과거와 비슷하게 학습을 미루거나 변화를 거부하는 듯한 태도로 다시 돌아가기도 한다. 그러나 이는 일시적 후퇴이지 완전히 원 상태로 돌아간 것은 아니다. 무엇보다 상담가는 학생의 사랑의 시험을 통과하느라 고독한 싸움을 할 수도 있겠지만, 그 터널을 조금만 더 넘어가면 밝은 빛이 나온다고 응원해 주고 싶다.

　학생 또한 자신을 의심하기도 하고 상담가를 시험하는 그 과정에서 상담가는 학생에게 계속 알려 주도록 한다. '누구나 굳은 마음을 먹더라도 차츰 열정이 식기도 한다. 기분 상해하지 말고 어떻게 하면 좋을지 천천히 또 하고자 하는 걸 해 나가자' 이러한 메시지를 알려 주면, 다시 한 발씩 나아간다. 이는 본인 또한 자신의 변화된 모습을 적응함에 있어 저항하거나 거부하고 싶은 마음도 드는 것이니 그 마음을 다시 읽어 주면 다시 전진하는 법을 터득하게 된다. 이 시기를 잘 거치면 학생은 자신을 믿어 주는 존재를 확실히 만난 경험을 하게 되며, 상담자 또한 사랑의 시험을 통과한 것에 효능감을 얻을 수 있다. 이 시간을 잘 보내면 학생은 무엇인가 더 해 보겠다고 하며, 학습은 물론 삶에 대한 의욕이 크게 늘어나는 모습을 볼 수 있다. 이 과정에서는 무엇보다 학생도 학부모도 아닌 상담가를 절실히 응원한다.

자신감을 얻어가는 과정에서 급격히 진로 변경을 하려는 경우

　효능감을 향상하는 과정에서 '학습'이란 주제로 상담실로 찾아왔기에 기본적으로 학습으로 효능감을 올리려고 하는 것이 중요하지만, 학생 스스로 공부에는 강점을 보이지 않으니, 댄스나 보컬(연예인 준비), 악기 다루기, 미술 등 학습 이외의 시도 등을 하려고 할 수 있다. 이때 학생이 지속적으로 요구한다면 시간에 여유가 있고 학습을 회피하지 않을 수 있는 시기인 방학 기간에 경험해 보도록 할 수 있다. 부모님은 학생이 이러한 분야로 진로를 결정할까 봐 겁낼 수 있는데, 생각보다 학생들은 잠시 해 보면 다른 것으로 해 보고 싶기도 하고 근본은 이들도 공부를 해야 한다는 것을 알기에 경험 후 공부로 돌아오는 경우가 대부분이다. 따라서 부모님을 안심시키며 경험해 보도록 지원 요청을 한다. 상담자는 이 과정에서 학생의 효능감을 발견하고 높이도록 도울 수 있다.

학습 기술 상담

학습 기술이란 정보의 기억, 획득, 확인의 과정을 촉진시키는 모든 종류의 인지 과정과 행동하는 정보처리 활동을 포함하는 전 과정을 말한다. 이러한 정보처리 활동에는 인지적 기술 외에도 학습자의 감정 상태의 관리를 위한 정의적 기술, 동기화 수준을 유지하려는 동기화 기술, 학습을 유지하려는 기술 역시 넓은 의미의 학습기술 개념에 포함시킬 수 있다.

---

tip   학생에게 추천하는 '학습 기술' 관련 동영상

EBS 교육특집 교육이 미래다 상위 0.1%, 기적의 학습법은 있는가
EBS 공부의 왕도 2회 눈으로 쓰고 기억하다
EBS 공부의 왕도 33회 시간을 잡아라, 집중력 학습법
EBS 공부의 왕도 69회 선택과 집중 시간의 활용 비법
EBS 공부의 왕도 75회 기적을 만든 세 가지 노트
EBS 공부의 왕도 115회 계획의 달인 전교 1등이 되다

일반적으로 학습상담에서 활용하는 학습 기술은, 학습 시간 관리, 시험 관리, 교과서나 문제집 활용, 수업 듣기, 노트 필기, 수행평가 관리 등이 이에 해당한다. 여기에서는 몇 가지만 다루어 보겠다.

학습 시간 관리 기술

(1) 개념

학습 시간 관리 기술이란 학습 목표를 달성하기 위해 효과적으로 시간을 관리하는 것을 의미한다. 직접적으로 공부의 중요도와 긴급도에 따라 학습 계획을 세우고 시간을 분배하여 실천할 수 있도록 환경과 자신을 조정하여 기술을 익히고 향상시킬 수 있다. 상담을 통해 학습 시간을 잘 관리하여 학업성취감을 갖도록 할 수 있다. 구체적인 프로그램은 다음과 같다.

- 시간 활용하는 방법 점검하기
- 시간 계획의 장점 이해하기
- 학습의 우선 순위를 정하여 시간 활용하기
- 시기에 따른 학습 계획하기
- 과목별로 공부 시간 배치하는 방법
- 자신에게 맞는 공부 분량 알기
- 실행하는 데 있어 방해 요소 점검하기
- 계획 실행 후 점검하는 방법 알기

(2) 상담 전략 1 : 시간 관리 방법 알기

학습 시간 관리의 초기 상담으로는 매일 자신의 생활을 기록하게 하여 자신의 시간 사용을 분류하는 것부터 할 수 있다. 공부 시간, 친구와의 교제 시간, 여가 시간 등에 관련된 시간들을 측정하여 자신의 생활에 대한 통제력을 높이고 공부에 투여하는 시간을 늘리는 것이다. 일일 시간표를 시작으로 학습 계획을 짜도록 한다. 안정적으로 진행되면 주간 시간표를 작성할 수 있고 자신의 학습량을 알고 계획표에 따라 생활하다 보면 한두 달 정도 지나서는 월 단위의 시간표를 작성할 수 있다. 학기 중의 시간표 구성과 시험 3주 전 시간표의 구성은 다르므로 이를 각각

지도하는 것이 필요하다. 고등학생은 모의고사에 집중해야 하는 시기와 내신 대비에 집중해야 하는 시간을 고려해 시간표를 작성해야 한다.

(3) 상담 전략 2 : 시간 관리 실행 돕기-효능감 향상하기

이러한 시간 계획하기의 핵심은 '계획'에 있는 것이 아니라, 본인이 정한 시간 관리 목표를 '수행'하는가에 있다. 인간이 어떤 행동을 시도하고 지속하여 성공적으로 그 일을 수행하는지는 자기효능감에 달려있다. 반두라에 의하면 자기효능감이란 어떤 결과를 얻고자 하는 행동을 성공적으로 수행할 수 있는 개인의 능력에 대한 신념을 뜻하는 것이다. 나아가 이제부터 어떤 행동을 취할 것인가, 어느 정도의 노력을 할 것인가 등을 결정하는 역할을 한다.

이러한 자기효능감을 높이는 요인으로 두 가지를 제시할 수 있다. 먼저, 중요한 인물의 지지이다. 청소년이 목표와 관련된 행동을 수행함에 있어 부모의 지지는 자신감을 갖게 하여 목표에 대한 수행 능력을 높인다. 두 번째는 성취 경험인데, 한 과목의 성적 향상은 다른 과목에 대한 기대로 커지면서 새로운 학습에 도전하게 만들어 준다. 이러한 자기효능감을 향상시는 데 시간 관리를 적용한다면, 상담자는 학부모의 지지를 요청할 수 있고, 상담자도 학생의 시간 관리 성공에 꾸준한 지지를 보낼 수 있다. 다음에서 자기효능감을 돕는 시간 관리 방법의 구체적인 내용을 확인할 수 있다.

(4) 상담 전략 3 : 시간 관리 실행하기-학습 계획표 활용하기

청소년이 되면 타인의 지지가 정기적으로 반복되기 쉽지 않다. 따라서 스스로 지지할 만한 객관적 데이터를 만들면 좋은데, 그것이 '학습 계획표'가 될 수 있다. 월별, 주간별, 일별 시간표를 쓸 수 있도록 가르치고 피드백을 할 때 얼마나 달성했는지, 잘한 점을 반드시 찾아 적도록 하는 훈련이 시간 관리에 반드시 필요하다. 시간 관리의 핵심은 여기에 있을 수 있다. 이 데이터를 통해 자신을 지지할 수 있다. 특히 지지할 시간 계획표를 짜기 위해서는 일일 성취를 증가시키기 위해 달성할 수 있는 분량으로 정하게 하는 훈련이 필요하다. 초기에는 학생이 계획하는 것보다 목표를 낮추는 것이 필요하다. 작은 분량을 성취하고 초과 달성하는 등의 성공 경험을 많이 만들고 잘한 점을 본인이 인정하는 행동을 통해 효능감이 향상되면 학습을 지속하고 확장하게 만든다. 또한 짜여진 계획표에 따르되 상황에 따라 조절하고 수정할 수 있다는 것을 가르쳐 자신이 시간을 활용하는 주체라는 인식을 주는 것이 필요하다. 개인이 자신의 반응을 관찰하고 측정하는 방법인 자기 기록은 공부 시간을 증가시키며, 자기 강화는 학생들의 학습 습관의 개선과 학업 성취의 향상에 효과적인 방법이 된다.

학생의 성격 유형에 맞는 학습 계획 작성하기

계획 짜기는 개인의 성격 성향에 따라 달라질 수 있다. 크게, 임박형 학습자와 계획형 학습자로 나누는 것이 필요하다. **임박형 학습자**는 마감 시간 직전에 집중력이 최대가 되는 유형이다. 오랜 시간에 걸쳐 계획적으로 나누어 공부하기보다 짧은 시간에 집중적으로 공부하기를 선호하고 그럴 때 성과가 더 좋다. 해야 할 일을 미리 계획해서 계획대로 차질 없이 진행하는 방식은 싫증내고 거부하며, 대신 마감 일을 짧게 끊어서 배치하여 마감 기한을 조절하는 것이 도움이 되는 유형이다. 단기간에 얻은 지식들을 여러 번 점검하는 방식이 더 효과적이다.

　　계획형 학습자는 계획을 체계적으로 세워서 학습하는 것을 선호하는 유형이다. 분량을 미리 확인하고 언제, 어떻게 공부할지 계획 세우기에 대한 의미를 크게 두고 있다. 이들은 계획대로 진행해서 마감 시간 전에 마쳐야 마음이 편한 유형이다. 임박형과 다르게 마감 시간이 촉박한 상황에서 스트레스를 많이 받는다.

　　이러한 차이점을 상담자는 알고, 그에 맞게 지도하는 것이 필요하다. 임박형 학습자에게는 시간 관리의 필요성을 충분히 설명하며, 매일매일의 스케줄을 강요하기보다는 마감 기한에 책임을 지는 습관을 기르도록 안내한다. 계획형 학습자는 체계적으로 시간표 짜기가 수월하지만, 실행하는 과정에서 학습자가 스트레스를 많이 받게 되므로, 무리하게 계획하지 않도록 하는 것이 필요하다.

시험 관리 기술

(1) 개념

시험 관리 기술이란, 시험을 준비하고 시험 유형에 맞는 전략을 이용해 시험을 보며, 시험을 본 후에는 시험 문제를 다시 검토하는 기술이다. 공부 방법을 알려주는 강의나 교육은 많이 이루어지지만, 그렇게 배운 내용을 잘 알고 있으면 된다는 생각에 정작 시험 보는 기술에 대해서는 체계적으로 교육하지 않는 경향이 있다. 그러나 시험 관리 기술은 학생의 학업 성취에 영향을 주므로 가르칠 필요가 있다. 시험 불안과 관련된 영역은 별도로 서술하고 있으므로 시험 준비 영역, 시험 보기 영역, 시험 후 관리 영역으로 나누어 설명하고자 한다.

(2) 상담 전략 1 : 시험 준비 영역

성공 가능한 목표가 되도록 이전 성적에 따른 시험 목표 설정이 되도록 한다. 특히 중1, 고1의 경우 기출문제를 실제로 함께 보면서 시험 준비 상담을 해야 실제에 와 닿는 상담이 될 수 있다.

- 시험과 관련된 정보 수집하기(시험 범위, 문항 수, 시험 문제 유형 등)
- 시험 목표 설정하기
- 시험을 준비하는 학습 계획 세우기
- 시험 불안 다루기
- 시험에 필요한 자료나 학용품 준비하기
- 모의시험을 통해 연습하기
- 시험 용어 익히기
- 시험에 나올 만한 내용을 집중적으로 공부하고 스스로 질문하기
- 시험 문제 예상하기 등

(3) 상담 전략 2 : 시험 보기 영역

시험 상황에서 시험 문제를 풀 때 성과를 올려줄 수 있는 기술을 말한다. 시험 경험이 적은 중학생일수록 시험 기술을 꼼꼼하게 가르치는 것이 필요하다. 고등학생들의 경우 내신 대비에는 익숙하지만 모의고사의 경우에는 3학년이 되어도 시험 기술이 부족한 경우가 많으므로, 모의고사 과목별로 시험 보는 기술을 익히는 것이 필요하다.

- 시험지를 받은 후 지시 사항을 꼼꼼하게 읽기
- 주변에 신경 쓰지 않고 집중해서 문제 풀기
- 시험 보는 중에 시간 배분하기
- 다 푼 시험 문제 한 번 더 점검하기
- 예상치 못한 문제에 대응하는 시험 요령 알기
- 문항 유형에 따른 여러 가지 전략 파악하기 등

(4) 상담 전략 3 : 시험 후 관리 영역

시험 결과를 통해 학습하도록 하는 전략이다. 결과를 분석하고 다음 시험을 대비하는 것을 통해 성취 효과를 내는 것도 있지만 배운 지식을 점검하고 정리하는 것은 중요한 의미를 갖게 된다. 특히 성적이 안 나왔다고 여기는 경우 시험지를 보기 싫어하는 경향이 있지만, 시험 분석을 기록하는 것만으로도 실수에 대한 해결책을 알 수 있어 간략하게라도 분석하고 넘어가도록 유도하는 것이 필요하다.

- 성적 분석 및 오답 유형과 원인 확인하기
- 시험 준비 과정과 잘한 점 짚어 보고 다음에도 활용할 전략 찾기
- 다음 시험을 대비하는 과목별 학습 전략을 세우기
- 다음 시험을 준비하는 각오 다지기

tip 수능/모의고사 시험 전략 점검 – 영어 영역

전략	점검항목
자기 감독	시험 도중에 집중을 하지 못하면 곧바로 알아차린다.
	이해력을 높이기 위해 제시문을 읽어 내려가며 독해 속도를 조절한다.
독해 도입	제시문을 읽어 내려가기 전에 문제를 명확하게 이해하려고 노력한다.
	제목이 있으면, 주의 깊게 읽으면서 이어질 내용을 예상해 본다.
	주제나 주장이 포함된 문장은 정확히 찾으려고 노력한다.
	필요하면 핵심 단어를 표시하거나 밑줄을 그으며 읽는다.
독해 정교화	모르는 어휘가 나오면 문장의 앞뒤 문맥을 고려해 추측해 본다.
	문단이나 문장의 논리적 구성을 생각하며 읽어 내려간다.
	답이 고민될 때는 출제 의도에 맞는지 파악하며 풀어 나간다.
시간 활용	시험 도중 시간을 체크하여 문제 풀이 속도를 조절한다.
	문제가 어려우면 체크해 두고 풀 수 있는 다른 것부터 푼다.
유형 파악	시험 보기 전에 어떤 순서로 문제를 풀어 나갈지 계획을 세우고 따른다.
	문제 유형에 따라 어떤 전략을 활용하면 좋은지 숙지한다.
	도표나 그래프가 있으면 이를 정확하게 분석하고 문항에 접근한다.
최종 확인	최종적으로 정확하게 풀었는지 확인 절차를 거친다.
	최종적으로 표시해 두었던 어려운 문항만 다시 한 번 확인해 본다.
단순 찍기	제시문에 나와 있는 단어가 많은 선택지를 고른다.
	답의 길이를 보고 답을 정한다.
	그냥 답을 체크한다(하나의 번호로 체크한다. 연필 굴리기 등).

황민영(2009)에서 수정.

- **시험 전략 점검표를 활용하는 방법 – 모의고사와 병행하기**

위의 표를 활용하여 학생이 스스로 점검해 보도록 한다. 전략을 활용하는 단계나 순서가 학생마다 다르기 때문에 모의고사를 한 번씩 볼 때마다 활용하면 정교하게 전략을 활용할 수 있다. 먼저 잘하고 있는 성공 요인 세 가지를 찾아서 강점을 강화하도록 한다. 다음으로 당장 더 활용하면 좋을 전략 두 가지를 선정하게 하고 다음 모의고사에 적용하도록 한다. 모의고사 간격을 자주 두어 시험 전략을 정교하게 활용할 수 있도록 한다.

- **모의고사를 자주 보면서 얻는 효과 – 집중력 향상과 시간 활용 전략 활용 증가**

시험 시간은 듣기를 포함하여 70여 분간 진행된다. 따라서 그 시간 동안 집중해 낼 수 있는 집중력도 필요하다. 이러한 집중력은 모의고사에 익숙하지 않은 고등학교 1학년 학생들에게는 성적을 올리는 데 중요한 요소가 될 수 있다. 또한 평소 영어 공부 내용에 집중하는 것도 필요하지만, 시험을 잘 보기 위해서는 모의시험을 자주 보는 것이 필요하다. 그렇게 되면 '시험 시간 활용 전략' 등을 자신에게 더 효과적으로 적용할 수 있다. 다른 방법 또한 자신만의 독특하고 효율적인 방법을 위의 표에서 찾아 활용해 볼 기회도 생긴다.

- **모든 성적대의 학생들에게 늘 강조할 점 – 독해 정교화 전략 활용하기**

수능 문제 유형은 정해져 있고, 논리적 추론을 하도록 구성되어 있다. 따라서 상위권 학생이나 하위권 학생 모두 문맥을 고려해 '모르는 어휘의 뜻을 추측'하게 하는 연습을 시키는 것은 매우 유용하다. 이러한 방식을 쓰고 있더라도 더 잘 활용할 수 있도록 하는 것이 필요하다. 다만 수능은 시간에 비해 지문이 길고 풀어야 할 문제가 많기 때문에 한 문제를 여러 번 읽지 않도록 주의해야 한다.

- **하위권 학생에게 먼저 알려줄 수 있는 전략들**

성적이 낮은 학생일수록 '단순 찍기'전략을 많이 활용하는데, 이 방식은 답의 정확성을 떨어뜨리므로 바람직하지 않은 전략이다. 따라서 다른 전략을 충분히 활용하도록 지도하는 것이 필요하다. 또한 쉬운 문제부터 푸는 것이 시간 조절에 도움이 되는 상황에서, 배점이 높고 어려운 문항에 더 노력을 기울여 시간 조절에 실패할 수 있다. 그러다 보면 상대적으로 덜 어려운 문제도 다 풀어 내지 못한다. 따라서 어려운 문제는 별도로 체크해 두고, 풀 수 있는 문제부터 풀어 내는 훈련을 지도할 필요가 있다.

읽기, 노트 필기, 문제집 활용 기술

(1) 개념

읽기, 노트 필기, 문제집 활용 기술은 학습 기술의 한 영역으로, 교재를 읽는 방법, 필요한 내용을 요약·정리하여 노트에 정리하는 방법, 문제를 풀고 오답 정리를 하며 학습 내용을 익히는 것을 의미한다. 글을 읽고 문단을 요약하는 것을 실천하도록 한다. 요약된 핵심 내용을 정리하는 방법을 익히도록 한다. 정리한 내용들을 외우는 훈련, 문제 풀이에 적용하기 등을 할 수 있다. 이 과정에서 코넬 노트법, 마인드맵 활용법, SQ3R(개괄하기, 질문하기, 읽기, 요약하기, 외우기), 단원 목표 파악하기, 도표나 그림 읽는 방법 등을 익힐 수 있다.

이러한 공부 방법은 한 번의 상담이나 교육을 받은 후 적용하기가 어렵다. 학년별·과목별로 교과서 흐름이 다르고, 교과서를 주로 활용해야 하는지 문제집이나 참고서를 활용해야 하는지, 내신 대비인지 수능(모의고사) 대비인지에 따라 세부적으로 공부법이 달라지기 때문이다. 따라서 반드시 '과목별'로 그리고 '교재별'로 학습하는 방법을 안내해야 한다. 그렇지 않으면 일회성이 되고, 훈련이 되지 않아 적용하기 어려워진다.

(2) 상담 전략 : 과목별 학습법 안내하기

국어 갈래별로, 시와 소설, 비문학, 문법으로 나누어 자습서를 활용할 수 있어야 한다. 고등학생은 고전문학과 현대문학을 주제별로 흐름을 알고 있는 것도 필요하며, 비문학을 공부하는 방법도 달라진다.

영어 문법 교재와 독해 교재 활용 방법을 알아야 하고 내신 대비를 위한 공부법을 나누어서 알고 있어야 한다. 중학생의 경우 내신 대비를 위한 자습서 활용 방법을 알려주어야 하며 고등학생과 중학생 모두는 문법 교재를 활용할 때 기본 용어를 명확히 알고 관련 예문을 정확하게 이해, 암기, 문제 풀이를 하는 과정을 한 단계씩 경험하는 것이 필요하다.

수학   주요 개념을 정리하는 방법과 문제집을 푸는 것, 그리고 오답을 정리하는 세 가지 영역으로 나누어 공부할 수 있다. 수학은 학년에 따라 순차적으로 연결이 되다 보니, 학년에 맞춰 따라가지 못하는 경우 이전 학년의 수학을 공부해야 하는 경우가 생긴다. 우리나라 교육 과정상, 중학교 때 1학기에는 연산, 방정식, 부등식, 함수 등이 포함되고 2학기에는 도형, 확률과 통계 단원이 들어간다. 따라서 시기에 맞춰 단원별로 이전 학년 공부를 하면서 현재 범위와 연결시켜 공부하는 것도 방법이 될 수 있다. 전반적으로 연산에 대한 부족함이 있다면, 기반 학습을 할 수 있는 교재를 병행하는 것이 필요하다.

과학   개념을 정리하는 것과 실험을 정리하는 두 가지 영역으로 나눌 수 있다. 실험 내용이 글로만 되어 있어 어려움을 느낀다면, 실험 내용을 인터넷에서 찾아 실험 과정이나 설명을 15분 미만 동영상으로 볼 수 있다. 계산하는 내용이 들어가는 단원은 계산 연습을 더 하고 시험장에 가도록 하는 것이 필요하다.

사회   개념을 정리하고 탐구 활동에 답을 구하는 방법도 교육해야 한다. 특히 도표를 분석하는 방법을 교육해야 한다. 암기가 부족함에도 노트 정리만 예쁘게 되어 있어 스스로 속고 있지 않은지 점검해야 한다. 이를 위해 반드시 문제 풀이를 하면서 오답 정리를 하도록 해야 한다. 이 문제 풀이 과정이 오랫동안 기억하는 데 큰 도움이 된다.

역사   교과서들이 어려운 단어들을 많이 쓰고 있어 학생이 교과서만 보고 있으면 어려움을 느낀다. 따라서 자주 나오는 어려운 주요 단어를 먼저 찾으면 내용을 익히기 훨씬 쉬워진다. 또한 내용을 흐름에 맞춰 정리하는 법을 교육하면 이해도가 높아진다. 이 또한 암기가 반드시 이루어져야 하므로 문제 풀이와 암기를 동시에 진행하는 것이 필요하다. 특히 개념이 중요하다 하여 개념 암기만 열심히 하고 문제 풀이를 하지 않는 경우도 있다. 문제 풀이 후 오답 정리를 해 나가는 것이 세부적이고 구조화된 암기를 돕는다는 것을 알도록 지도해야 한다.

고등학생의 모의고사 직후 관리

모의고사가 끝나면 오답 정리를 하고, 모의고사는 오답의 양이나 범위가 많기에 전체 설명을 들을 수 있는 EBS 인터넷 해설 강의를 통해 도움을 받을 수 있다.

수행평가 관리 기술

(1) 개념

최근 수행평가 비중이 증가하면서 다양한 형태의 과제가 증가하고 있다. 수행평가 관리 기술이란 학교 생활을 하면서 주어지는 여러 가지 형태의 과제를 시간 안에 해결하는 데 필요한 기술들을 의미한다. 과제에 효과적으로 대처하는 방법을 배우면 효과적인 학습을 할 수 있으며 성적 향상에 도움이 된다. 이는 학생의 자신감을 향상시키는 좋은 기회가 되기도 한다.

(2) 상담 전략 : 수행평가 상담의 방향 알기

구체적인 학습 기술에는 교사의 지시 사항과 과제 내용의 정확한 파악, 정보 수집하기, 정보의 재조직, 결과물에 대한 보고서 작성하기, 적절하게 표현하기 위한 컴퓨터 프로그램 다루기, 발표하기 등이 포함된다. 또한 팀을 이루어 과제를 해내는 경우도 있기 때문에 팀원과의 의견 조정하기 등도 들어갈 수 있다.

정보와 지식이 넘쳐나고 접근이 쉬운 시대일수록 지식을 받아들이고 처리하여 자신의 것으로 습득하는 기술이 필요하다. 이렇듯 점점 더 학습 기술을 배우는 것이 필요한 시대가 되었다. 정보가 무제한으로 쏟아지는 시대에서는 중요하고 필요한 정보를 선별하고 재조직해야 하는 능력을 요구하기 때문이다. 이에 따라 자기주도적으로 학습할 수 있도록 학습 기술을 익히는 것이 반드시 필요하다.

중학교 수행평가의 예

- **국어**
  - 진로 독서신문 만들기
  - 인생 그래프 발표하기
- **영어**
  - 내가 직업적으로 존경하는 인물에 대해 영어로 발표하기(PPT 활용)
  - 팀원 2~3명과 함께 15분 분량의 미국 드라마, 애니메이션 등을 따라 영어로 더빙하기
- **수학**
  - 조별 과제로 수학(자)과 연관된 직업과 직업인 이야기하기 또는 자신의 성향 조사 및 발표하기
  - 조별로 통계 낸 자료를 분석하여 분포의 특성을 파악해 도수의 총합이 다른 두 집단의 분포를 상대도수를 통해 비교함으로써 통계를 분석하여 발표하기
- **사회**
  - 자산 관리와 나의 미래 설계하기
  - 시민의 정치 참여 사례 조사 보고서 만들기
  - 개인별 문화여행 계획서 작성하기
- **과학**
  - 과학 기술의 문제점 그림 그리기
  - 조별 과제로 자연과 환경 문제 자료 제시하기

시험 불안

(1) 개념

시험 불안이란 시험이라는 특수한 장면에서 상상되는 실패에 대한 정서적 반응을

말한다. 시험 불안은 주의 집중과 기억력에도 영향을 미치므로 기량을 최대로 발휘하기 어렵게 한다. 하지만 적절한 긴장은 집중하게 만들어 좋은 성과를 만들어 낸다. 따라서 시험 상황에서 지나친 불안을 낮추고 적당한 긴장이 유지되도록 상담을 진행할 수 있다.

우리나라의 경우 시험에 대한 부모나 교사의 높은 관심은 학생의 시험 불안의 원인이 된다. 부모의 학업에 대한 특별한 관심은 자녀의 능력이나 상황에 대한 고려 없이 성취를 하도록 요구한다. 그러면 자녀는 자신의 능력으로는 도저히 부모의 욕구를 충족시킬 수 없다고 생각하게 된다. 혹은 기대에 부응해야 한다는 부담감 때문에 시험을 두려워하게 된다. 이런 감정은 시험에서 실패할 확률을 높이게 되며 평가 상황 자체를 회피하는 태도까지 보이게 만든다. 이러한 부모의 지나친 기대나 요구, 그리고 이에 따른 처벌이나 과보호적인 태도, 성취 지향적인 가정 분위기, 성취에 따른 차별 대우 등은 자녀의 시험 불안 요인으로 작용한다.

다양한 시험 불안의 증상들

시험 불안의 증상은 다음과 같이 다양하게 나타난다.

- 시험 보기 직전에 또는 시험 생각만 해도 심장이 뛰고 배가 아프다거나 숨 쉬기 힘들어 한다.
- '실수하면 어쩌지', '시험을 망치면 어쩌지' 등의 걱정을 한다.
- 시험 도중에도 모르는 문제가 나오면 불안해서 다음 문제로 넘어가지 못하고 시험 시간이 끝나는 경우도 있다.
- 지나치게 긴장하다가 첫 번째 문제는 쉬운 문제임에도 실수로 틀리고 넘어간다.
- 뒷면이 있는지 모르고 허둥지둥하다가 시험지를 제출한다.
- 서술형 답지를 쓰는 과정에서 글자를 계속 틀리게 쓰게 된다.
- 손에 땀이 많이 나서 펜이 자꾸 손에서 미끄러져 답을 쓰기 어렵다.
- 머리를 만지작거리거나 손톱을 물어 뜯는 등 불필요한 동작을 반복한다.

시험 불안을 다루는 상담 접근 방법은, 부모의 태도 변화를 독려하는 부모 상담, 불안을 적절하게 다루도록 하는 정서를 다루는 글쓰기나 미술심리상담을 활용할 수 있다. 또한 인지적으로 장애물을 해결하도록 하는 해결중심적 접근이나 인지적인 사고 전환을 시행할 수 있으며, 음악, 운동으로 긴장을 완화하는 훈련 등을 병행하고 불안한 상황에 실제로 자주 노출시키는 모의시험 훈련 등을 실시할 수 있다.

자녀가 부모에게 성취 압력을 받는다고 느끼는 장면들

부모의 성취 압력은 학생의 시험 불안을 높일 수 있다.
다음과 같은 내용에 해당 사항이 많다면 학생은 성취 압력을 많이 받는다고 느낀다.

- 부모님은 공부에 대해 잔소리가 많으신 편이다.
- 부모님은 내가 친구들 때문에 공부하는 시간이 적어질까 봐 걱정하신다.
- 부모님은 내가 학교 성적이 조금 떨어져도 꾸중을 하신다.
- 부모님은 내가 공부 말고 다른 것을 하는 것은 아닌지 신경을 쓰신다.
- 부모님은 내가 공부해야 할 시간에 잠을 자면 깨우신다.
- 부모님이 나에 대해서 가장 큰 관심을 갖는 것은 학교 성적이다.
- 부모님은 시험 때가 되면 평소보다 공부를 더 많이 하라고 말씀하신다.
- 부모님은 나에게 남보다 더 좋은 성적을 얻어야 한다고 말씀하신다.

(2) 상담 전략 1 : 정서지능 활용하기

정서지능이란 자신의 감정을 알아차린 후 이 감정을 적절하게 바꿀 수 있는 능력을 말한다. 자신의 마음에서 일어나는 감정을 알아차리려는 자각의 과정 없이 감정 그대로 행동한다면 시험 불안을 극복하기 어려워 부정적인 결과를 만들 것이다. 지금 일어나고 있는 감정이 시험으로 인한 불안이란 것을 알게 되면 불안한 그대로 행동할 것인가 아니면 그 불안을 조절하면서 행동할 것인가를 선택할 수 있게 된다.

이 과정에서 교사나 부모가 자녀의 불안 정서를 무조건적으로 억압하고 제거하려 하기보다는 자신의 정서를 충분히 인식하고 조절하는 기회를 충분히 제공할 때에만 시험 불안으로 인한 여러 문제를 해결할 수 있을 것이며 학습과 기억에도 긍정적인 영향을 미칠 수 있을 것이다.

시험 불안의 뇌 과학적 이해

시험 불안에 관련된 주요 두뇌 중추로는 편도체가 있다. 편도체는 시험 불안의 형성 과정과 관련되어 있다. 편도체는 체험을 정서적인 의미로 처리하고 느낌을 통합하는 역할을 한다. 편도체에서 올라온 신경 정보를 대뇌피질 전두엽은 감정과 욕구를 조절하고 통제하게 된다. 이때 사고를 담당하는 대뇌피질 전두엽과 정서를 담당하는 편도체가 연결되어 원만한 조화를 이루지 못할 경우 두뇌의 지적 활동은 방해를 받아 정서적 혼란을 경험할 가능성이 크다. 즉, 두뇌의 조화로운 관계가 깨졌기 때문이라고 해석할 수 있다. 이러한 시험 불안은 주의 집중력이나 기억력에 많은 영향을 미친다.

미술심리상담 작업　미술심리상담은 자신을 표현하게 하면서 자기 인식과 긍정적인 자아상을 갖도록 돕는다. 자신의 감정을 이해한 후 환경에 대한 적응 방법을 스스로 찾고자 하는 힘을 길러 준다. 이를 통해 스트레스와 시험 불안을 해소할 수 있다. 구체적인 방법으로는, 시험 불안을 느낄 때를 떠올린 후 그때의 감정을 쉬지 않고 글로 쓴다. 감정이 해소되면 마음대로 색을 칠하도록 한다. 또는 불안한 상황에 있었을 때와 불안한 상황을 잘 극복한 상황을 비교하며 최상의 방법을 떠올려 보며 인생 그래프 그리기를 할 수 있다. 이를 통해 자신의 정서를 이해하고 자신이 성공한 경험을 떠올려 자신감을 갖게 한다. 그 밖에 점토를 던지거나 뭉치고 던져 시험 불안에서 오는 패배감이나 스트레스를 해소할 수 있다. 만다라 그림을 그리며 시험 치기 전의 불안한 느낌이 평온해짐을 경험하게 할 수 있다.

글쓰기 치료 글쓰기를 통해 불쾌하고 복잡한 감정이 얽힌 상황을 완화시킬 수 있다. 억압된 감정들을 글로 풀어내면 감정이 완화되고 이는 인지적 정보 처리를 원활하게 한다. 따라서 현실감과 행동 통제력, 문제해결 능력이 향상되는 통합적인 사고가 가능해지며, 결과적으로 불안이 감소되는 효과가 나타난다.

시험 불안이 나타나는 학생들에게도 글쓰기 치료를 활용할 수 있는데, 시험 직전에 10분간 시험에 대한 글쓰기를 하는 것이다. 시험에 관한 부정적인 생각이나 복잡한 감정, 걱정들을 최대한 솔직하게 글로 쓰도록 한다. 이러한 글쓰기는 시험 불안이 높은 학생들에게 효과가 있다.

(3) 상담 전략 2 : 신경학적 신체 리듬 만들기

음악 듣기 음악은 지나치게 각성된 뇌의 긴장 상태를 이완시키고 긍정적인 정서를 유발하는 효과적인 자극제로 사용될 수 있다. 유쾌한 음악이나 클래식을 듣게 되면 두뇌가 안정적이고 편안한 상태일 때 나오는 뇌파인 알파파가 발생한다. 지속적이고 반복적인 소리 자극을 활용하여 뇌를 안정적인 상태로 만들 수 있다. 불안한 감정이 올라오거나 긴장되는 시점에 음악 듣기를 권한다.

30~40분 정도의 가벼운 운동 조깅이나, 걷기, 자전거 타기, 배드민턴 등 유산소 운동을 1시간 이내로 한다면 스트레스 호르몬 축적을 상당 부분 해소시킬 수 있다. 시험 불안에 시달리는 학생의 몸에서는 에피네프린과 노르에피네프린, 코르티솔 등의 신경전달물질이 과잉 분비된다. 이렇게 축적된 스트레스 호르몬은 뇌의 사고 작용보다는 유산소 운동이나 근육 운동을 통하여 소비되는 경향이 있다. 따라서 주 2회 이상 가벼운 운동을 통해 스트레스를 풀어내길 권한다.

- 에피네프린 : 공포나 긴장을 느낄 때에 주로 작용하여 신체의 방어 작용을 촉

진시킨다.

- 노르에피네프린 : 심장 박동을 빠르게 하고 혈관 및 근육을 긴장하게 하여 의식을 또렷하게 유지할 수 있도록 돕는다.
- 코르티솔 : 위험 상황에 대비하여 뇌와 신체가 경계 태세를 유지하게 한다.

(4) 상담 전략 3 : 집단상담 – 해결중심상담 기법 활용하기

시험 불안은 평가받는 상황에서 그것을 위협적으로 받아들이거나 대처할 능력이 부족하다 판단될 때 증상이 발생한다. 시험 불안이 높다고 하더라도 현재 발생하고 있는 불안에 대처할 수 있는 효율적인 대처 방식을 갖고 있다면 심리적 혼란에 빠져들지 않고 목표를 달성할 수 있다. 해결중심상담을 진행하면 자신의 장점과 강점, 성공 경험, 예외 상황, 해결책을 집중적으로 다루게 되면서 대응 능력을 키울 수 있다. 그리고 자신의 문제를 해결할 수 있다는 자신감을 갖게 된다. 특히 집단상담을 통해 집단원끼리 지지를 얻을 수 있고, 서로를 통해 더 나은 해결책을 모색할 수 있다. 특히 '내담자는 자신의 문제에 대한 전문가'라는 해결중심상담의 가치는 청소년에게 치료적 협력 관계를 형성하는 데 매우 효과적이다.

해결중심상담의 질문 기법을 활용한 '청소년 시험불안 집단 프로그램' 질문 유형

해결중심상담의 질문 기법에는 예외 질문, 기적 질문, 척도 질문, 대처 질문, 관계성 질문, 첫 면담 이전의 변화에 관한 질문, 첫 회기 후의 면담을 위한 질문, 내담자의 상태가 후퇴 혹은 악화되었을 때 사용하는 질문 등이 있다. 목표를 설정하는 과정에서는 기적 질문, 예외 질문이 유용하며 목표 성취를 위한 진행에는 척도 질문이 도움이 된다. 관계성 질문과 대처 질문은 상담 과정에서 매우 중요하다.

성공 경험 나누기
- 시험 불안을 받을 만한 상황에서 불안을 느끼지 않았거나 시험 불안에 현명하게 대처했던 경험에 대해 이야기를 나눈다.

나의 자원 발견하기

- 문제점을 개선하고 시험 점수를 높이기 위해 한 행동들에 대해 이야기를 나눈다.
- 지난 상담보다 대처 능력이 상승하였다면 어떤 방법으로 상승했는지, 떨어졌다면 더 떨어지지 않게 어떠한 노력을 했는지에 대해 이야기를 나눈다.

척도 질문

- '시험, 학업 스트레스와 관련된 지금 나의 상태는 어느 정도인가?'를 질문하여 스트레스 상황이 가장 높다고 느끼는 정도를 10, 스트레스가 없다고 느끼는 때를 1이라고 할 때의 자신의 정도를 수치로 표현하게 한다.
- 척도 1점을 올리기 위해 스트레스에 잘 대처하도록 할 수 있는 일을 탐색하게 한다.

목표 정하기

- 자신의 완벽주의 성향이나 부모님의 명령에 대응해야 하는 것 때문에 스트레스를 받았던 경험, 이러한 스트레스에 대처하는 방법, 변화하고 싶은 방향, 변화하고 싶은 모습을 목적으로 정하고 이야기를 나눈다.

예외 상황 탐색 및 질문

- 예외 상황을 탐색해 보는데, 평소에 조금이라도 시험에 대한 스트레스나 완벽주의에 의한 스트레스를 덜 인식했거나 적절히 대처했다고 생각했던 때를 떠올리게 하여 이야기를 나누고, 평소와 달랐던 점을 말하게 한다.

기적 질문

- 기적 질문을 통하여 기적이 일어나 완벽주의나 시험 불안이 없어진다면 무엇이 달라질지, 어떤 행동을 보고 기적이 일어났다고 할지 생각해 보고 그림으로 표현하게 한다.
- 기적이 일어난다면 누가 가장 먼저 알아볼지, 어떤 행동을 보고 기적이 일어났다고 할지 이야기해 본다.

대처 질문

- 목표에 다가서는 행동에 방해가 되는 상황이나 행동을 지뢰밭이라고 한다면 지뢰밭을 경험한 것을 말하게 한다. 그리고 대처할 수 있는 요술 신발을 개발한다. 요술 신발의 도움을 받아 지뢰밭을 빠져나가는 방법을 이야기하도록 한다.

재정의하기

- 시험이나 완벽주의와 관련이 있는 변화된 모습으로 자신을 재정의하게 한다.
- 자신의 단점을 말하면 집단원들이 그 단점을 긍정적인 새로운 시각으로 재정의하게 한다.

종결 작업

새로운 내 모습을 떠올리게 한다. 조용히 앉아서 상담 회기를 시작하기 전과 후의 모습을 떠올리며 어떻게 달라졌는지 그림이나 글로 표현하고 달라진 모습에 대한 느낌과 기분을 적도록 한다. 더하여 새로운 내 모습을 이야기하게 하고, 자신의 소감과 느낌을 표현하게 한다. 그동안의 노력과 참여에 대해 칭찬하고 앞으로도 계속 배운 점을 실천해 나가도록 격려해야 한다.

(5) 상담 전략 4 : 행동치료적 상담 접근하기

행동치료(홍수법)-모의시험 자주 실시하기 현실에서의 홍수법은 불안을 자극하는 상황에 오랫동안 노출시키는 것을 말한다. 어떤 불안 감소 행동을 하지 않으면서 오랫동안 불안 자극에 노출된 채 그냥 있으면 불안이 저절로 감소된다는 이론이다. 따라서 시험 상황에 2주 이상 반복적으로 노출시키는 것을 할 수 있다. 최대한 시험 상황과 같은 상황을 조성한다. 딱딱하고 경직되어 있는 선생님의 모습과, OMR 카드 활용, 정확한 시간 제한, 옆 자리에 앉은 학생의 연필 사각거리는 소리 등 최대한 같은 상황을 매일 2주 이상 반복하기를 추천한다. 이러한 홍수법에 의해 시험을 보게 되면 학생들의 시험 불안 증상이 낮아진다.

다만 학습상담자로서 주의해야 할 점은 시험 후 채점 과정에서 점수에 반응하지 않는 것이다. 성적이 많이 올랐다거나 만점을 받았다고 하더라도, 혹은 현저하게 낮은 점수가 나오더라도 격려하거나 칭찬하지 않도록 한다. 시험 불안을 겪었던 학생의 대부분이 기대 심리에 부응하려 하거나 본인 스스로 평가에 민감하기 때문에 시험을 볼 때마다 상담자의 반응을 살피게 되고, 그러다보면 더 의식하여 모의시험을 피하려 할 수 있다. 그리고 무엇보다 시험 결과를 두고 다른 사람이 자신을 어떻게 바라보는지를 신경 쓰는 것이 중요한 것이 아니라 시험을 통해 스스로 더 알아나가는 과정이 중요함을 경험하게 된다. 물론 실제 시험에서 성적이 올랐다면, 학생에게 격려와 칭찬을 크게 해 주어야 한다.

(6) 상담 전략 5 : 부모 상담-부모의 태도 변화 유도하기

스스로 완벽주의적인 성향으로 시험을 잘 보기 위해 불안한 경우도 있지만, 부모의 기대에 부응하지 못할까 봐 증상이 나오는 경우도 있다. 따라서 학생이 불안해하는 요인과 구조들을 설명한다. 학생이 시험을 보고, 시험 불안 증상이 줄어 시험 성과를 내게 되면 부모님의 반응은 격려해 주시면 되지만(물론 부모의 기대에는 못 미칠지라도), 그 다음 시험쯤에는 오히려 안정감이 들면서 성적이 떨어질 수도 있다. 이 기회가 가장 좋은데, 그럼에도 여전히 애정 표현을 하고, '성적이 떨어지더라도 그것과 상관없이 널 사랑해.'라는 메시지가 전달되도록 반응하고 마음을 전달할 필요가 있다. 이 과정에서 부모 자녀 간의 관계가 회복되고, 틀어졌던 가족 관계도 회복되며 부모의 가치관도 재정립하게 되는 계기가 된다.

가만히 앉아 있지 못하는 학생을 위한 상담
－ADHD/ADD 진단을 받은 학생을 포함하여－

(1) 개념

'가만히 앉아 있지 못하는 학생'이라는 긴 명칭을 붙여 둔 아이들은 특히 중학교 남학생들에게서 많이 볼 수 있는 유형이다. 이들은 소위 ADHD로 진단받는 아이들과 비슷한 행동을 보이기도 한다. 이 책에서는 ADHD 진단을 받은 아이들을 특수한 형태로 보지 않고 위와 같은 행동 양식에 한정 지어 이들이 우리나라 학습 환경에서 학습에 잘 적응하도록 돕는 방향과 상담 방법을 제안하려고 한다.

가만히 앉아 있지 못하는 학생의 특성은 다음과 같다.

- 학교에서 장난을 많이 치고 산만하다는 이야기를 들으며 수업 시간에는 장난치느라 선생님의 지시를 까먹거나 준비물을 잊는다.

- 프린트물이나 교과서를 잘 챙기지 못하며 프린트물을 챙기더라도 수업에 집중하지 못해 필기를 놓친다.
- 공부하려고 책상에 앉았으나 20분 이상 집중하지 못하고 다른 생각에 빠지거나 책상을 빠져나와 도저히 못 참겠다고 한다.

다만 이 중에서 공부를 잘하고 싶어 하는 마음이 있으며(그 표현을 직접적으로 드러내거나 은밀하게 드러내거나) 잘 참고 공부하려고 하나 책상에 앉기가 힘들다고 호소하는 아이들에 대해 이야기하려고 한다. 이러한 아이들을 위한 학습상담 내용은 다음과 같다.

(2) 상담 전략 1 : 학습 기술과 전략을 구체적으로 가르치기

먼저 이들에게 학습 기술과 전략을 구체적으로 가르친다. 중학교에 진학하면 학업 강도가 상당히 높아진다. 과목 수와 학습 분량이 증가하므로 감당하기 어려울 수 있다. 이를 하나씩 재조직할 수 있도록 알려 줘야 한다. 교과서를 보고 무슨 말인지 이해하고, 이해가 된 이후에 요약·정리하고, 암기하고, 문제 풀이하고, 문제 풀이에 대한 오답 정리를 실시하게 하는 것을 하나씩 하나씩 실전으로 습득하게 한다. 그냥 공부하라고 하면 할 줄 몰라서 안 하는 경우가 많다. 과목별로 책이 있다면 노트와 함께 어떻게 머릿속에 넣고 공부하는 것인지 하나씩 알아야 한다. 이것을 모를 가능성이 있기 때문이다(이 부분은 읽기, 노트 필기, 문제집 활용 기술을 참고하기 바란다). 또한 초등학교 때부터 기초 학습이 부족할 수 있을 수 있으므로 이를 참고하여 수학 연산 문제집이나 기초 학습을 다지는 학습을 병행해야 할 수도 있다.

(3) 상담 전략 2 : 만다라 활용하기

집중력을 향상시키는 방법으로 만다라를 활용한다. 만다라 작업은 충동성을 잠재우는 효과가 있다. 학생들이 만다라를 하면서 얻는 가장 큰 성과는 30분 이상의 몰입 경험을 한다는 것이다. 공부할 때는 15분도 앉기 어려운데, 만다라를 하다 보면 30분이 훌쩍 지나가게 된다. 얼마나 작업했다고 느껴지는지 물어보고, 실제 30분간 작업했다고 말하면 깜짝 놀라며 그렇게 시간이 많이 지났는지 몰랐다고 말한다. 그만큼 집중할 수 있다는 뜻이다. 만다라를 활용하면 다양한 색상을 활용하는 활동 속에서 흥미를 느끼게 되므로 집중할 수가 있다. 언어가 없이도 시각과 손이 함께하는 활동은 집중도를 높인다. 간단하게만 색을 칠한다 하더라도 20분 동안은 매우 큰 몰입을 하게 된다. 그 경험을 몇 번 한 아이는 공부에서도 30분 정도는 착석하여 집중하는 효과를 낸다. 이것을 매일 혹은 격일로 시행하면 좋고 공부를 시작하려고 할 때나 공부하기 싫어서 책상 밖으로 나가고 싶으나 참고 공부하려고 할 때 쉬어가는 시간에 활용하면 좋다.

(4) 상담 전략 3 : 학습을 실행할 최적의 환경 조정하기

자신을 통제하는 능력을 키울 필요가 있다. 이들을 돕는 방법은 무질서한 학습 행동들을 질서 있는 행동이 되도록 행동 환경 체계를 잡아 주는 것이다. 특히 주의 산만한 요소를 제거하는 것이 필요하다.

학생들은 학교 수업의 결손을 보충하기 위해 혼자 공부하게 하기보다는 학원을 다니거나 과외를 하게 된다. 학교 수업과 비슷한 환경인, 6명 이상의 학생이 듣는 강의식 수업을 참여하게 되면 친구와 장난치고 떠들어서 수업에 방해가 되고 본인도 공부에 집중이 안 되는 상황이 발생한다. 혹은 혼자 과외식 수업을 받게 되면 본인 한 명에게만 관심이 모아지므로 교사는 계속 학생에게 집중을 유도할 것이고 학생은 30분 이상 집중할 수 없으므로 수업에 흥미가 떨어져 수업을 거부하는 상황이 발생한다. 혹은 장난을 치고 반항하는 행동을 보여 ADHD에 대한 이해가 충분한 교사가 아니라면 학생과 교사가 지쳐서 3개월 이상 수업을 진행하기 어려운 상황이 된다.

가장 좋은 모델은 세 명 내외로 수업을 진행하는 것이다. 학생들끼리는 얼굴을 마주 보지 않도록 앞뒤 일렬로 앉거나 멀리 떨어져 앉도록 하고 이들에게는 10~15분간 수업을 4~5번 하는 것이 유익하다. 교사와 가까이 앉아 공부하는 것이 집중에 도움이 된다. 정해진 15분의 교과 설명이 끝났다면 가급적 학생이 일어나지 않게 하되, 교사는 그 사이에 다른 학생들을 가르치고 있으면 된다.

교사가 다른 학생을 가르치고 있는 사이에 큰 소리로 질문을 하거나 말을 걸며 시선을 모으는 경우가 있다. 이럴 때에는 모든 질문할 내용과 생각이 나는 것들은 작은 수첩에 적도록 한다. 이러한 사실을 반복적으로 학생에게 알려야 한다. 가령 "다른 학생을 가르치는 동안에 말을 걸면 다른 학생에게 방해가 되니 생각나는 내용을 적어 놓고 있으면 잠시 후에 너의 순서가 되었을 때 알려 줄게."라고 말해 준다. 학생이 악의가 없이 말했기에 돌발 질문을 할 때마다 교사가 일관된 목소리로 지치지 말고 꾸준히 반복해서 말해 주면 된다. 학생은 수첩에 적으면서 자신의 생각을 정리하게 되고 충동적인 생각들을 노트에 적으면서 감정과 에너지를 해소하여 공부에 집중하기 쉬워진다. 또한 질문 횟수가 줄고 질문의 질이 높아지게 된다. 학습 시작 시간과 종료 시간을 포스트잇에 적어 책상 앞에 붙여 두어 눈에 쉽게 보일 수 있게 하고, 과제를 명백하고 단순하게 하는 것도 필요하다.

진로 및 입시 상담

(1) 개념

진로 지도란 개인이 진로를 계획, 준비, 선택하게 하고 선택한 진로에 있어서 지속적인 발전을 할 수 있도록 전문가가 진로 계획, 의사 결정, 적응 문제 등을 조력하는 것을 의미한다.

우리나라의 청소년들은 자신과 일의 세계에 대한 정확한 이해 없이 사회적인 편견과 부모의 기대 또는 다른 외적 욕구를 추구하면서 진로 탐색의 기회를 충분히 얻지 못한다. 진로에 대한 인식 부족, 자신의 적성과 능력에 대한 객관적인 이해 부족, 체계적인 정보 수집 부족 등으로 인해 진로 설정에 어려움을 겪는다. 상급 학교의 진학 기준은 성적에 의존하는 경향이 가장 크다.

(2) 상담 전략 1 : 학년에 따른 진로 지도의 목표

중학교에서의 진로 지도는 구체적으로 직업을 선택하거나 직업적 기능을 길러준다기보다는, 직업 정보를 탐색해 보고 자신의 소질과 적성, 성격, 흥미 등에 대하여 광범위하게 생각해 보도록 할 수 있다. 다양한 활동을 통해 자아정체성을 확립하는 기회를 제공하는 데 초점을 맞추어야 한다.

고등학생들은 자신의 능력, 적성, 흥미, 경제적 여건, 직업 포부, 중요한 타인들의 의견 등을 고려해서 자신의 진로를 선택하고 그 진로를 개척해 나갈 수 있는 탐색과 준비를 해야 한다. 특히 대학 진학과의 연계 혹은 취업에 대비한 산학협동 등을 실현함으로써 진로 상담의 효과를 확대시킬 수 있다.

표 4.1 중학생 진로 지도의 목표

영역	목표
자기 이해	• 자신을 이해하는 것의 중요성 알기 • 자신의 성격, 적성, 흥미, 가치관 탐색 • 다양한 심리 검사들을 통한 자기 이해
직업 세계의 이해	• 직업의 의미와 가치, 필요성 • 직업의 종류 및 탐색 • 미래 사회 변화에 따른 직업 세계의 변화 이해 • 좋아하는 직업, 희망 직업, 갖고 싶은 직업 찾기
교육 세계의 이해	• 고등학교 진학의 이해 • 평생교육의 의미와 필요성 이해 • 지역사회 활동을 통한 작업 기초 기능의 경험과 응용 • 자신의 자질 특성과 직업 세계와의 관계 탐색

진로 계획	• 진로 계획 수립의 중요성 파악 • 다양한 진로 대안 모색, 적합성 비교 및 검토 • 자신의 진로 계획 수립과 실천 • 고등학교 선택과 고교 생활의 포부 및 준비

표 4.2 고등학생 진로 지도의 목표

영역	목표
자기 이해	• 긍정적 자아개념의 형성 • 다양한 진로 검사를 통한 자신의 적성, 흥미, 가치관 확인
정보 탐색 및 수집	• 사회 변화에 따른 미래 직업 세계의 변화 이해 • 진로 설계에 대한 이해 • 다양한 직업의 종류와 직업 분류 체계 이해 • 진로 정보를 탐색하는 방법, 평가, 해석 능력하는 능력 계발
합리적 의사 결정	• 변화하는 성 역할에 따른 직업 세계의 변화 예측 • 자신의 진로 결정 요인, 진로 의사 결정 유형과 과정 파악 • 희망하는 학교나 학과 선택하여 정보를 수집할 수 있는지 확인 • 원하는 회사에 대한 정보를 수집하고 준비할 수 있는지 확인
상급 학교 진학/ 직업 생활 준비	• 진학하고자 하는 학교와 학과 선택 • 희망하는 학교나 학과의 정보를 수집할 수 있는지 확인 • 바람직한 직업관, 직업 윤리, 직업인의 자질 • 직업 생활에서의 적응(성 역할, 평생학습) • 원하는 회사에 대한 정보를 수집하고 준비할 수 있는지 확인

(3) 상담 전략 2 : 매체를 활용한 진로 상담의 적용

독서치료를 활용한 진로집단상담 프로그램 독서치료를 활용한 진로집단상담 프로그램은 주인공이나 등장 인물에게 자신을 비추어 보면서 진로를 준비할 수 있는 동기를 주며 진로 준비 행동에 긍정적인 영향을 미친다. 또한 청소년의 진로 결정 자기효능감, 진로에 대한 태도를 성숙하게 하는 데 유용하다.

표 4.3 활동 주제에 따른 활용 도서

활동 주제	활용 도서
나의 가치관과 진로	• 지도 밖으로 행군하라, 한비야 저
긍정적 시선 갖기	• 달란트 이야기, 이종선 저
걸림돌 제거	• 바보처럼 공부하고 천재처럼 꿈꿔라, 김의식 저
직업 세계 탐색 준비	• 직업의 세계, 와이즈 멘토 저 • 100년 동안 사라진 100가지 이야기, 서인영 글 · 낙송재 그림
직업 관련 계열 및 학과 준비	• 학과의 세계, 와이즈 멘토 저
합리적인 직업 선택 해 보기	• 성적은 짧고 직업은 길다, 탁석산 저 • 준비가 알차면 직업이 즐겁다, 탁석산 저
진로 계획 세우기	• 갈매기의 꿈, 리처드 바크 저
자존감	• 너는 특별하단다, 멕스 루케이도 글 · 세르지오 마르티네즈 그림 • 미운돌멩이, 권정생, 박상규, 조장희, 박종화, 조성자 글 · 최미숙 그림
진로 장벽	• 아들아 머뭇거리기에는 인생이 너무 짧다, 강헌구, 이원설 저 • 공부가 가장 싫었어요, 김양현 저
진로 준비 행동	• 도전하는 여성의 삶은 아름답다, 시고니 위버 저 • 큰 바위 얼굴, 너대니얼 호손 저

출처 : 진선미(2012); 어은선(2012).

영화치료를 활용한 진로집단상담 프로그램   영화는 시각과 청각적인 자극을 주며 있음직한 이야기를 통해 편안함과 재미를 제공한다. 매체 특성상 다수의 대인관계를 짧은 시간 동안 압축적이고 상징적으로 보여 준다. 주인공을 중심으로 주변인들과의 관계를 살펴면서 대인관계의 상대성과 왜곡을 한눈에 볼 수 있게 해 주는 장점이 있다. 또한 부정적인 감정도 경험하게 하며, 자신의 삶에 적용할 수 있는 점을 깨닫게 하고 정서적 통찰을 하도록 돕는다.

영화는 청소년들에게 강한 호소력을 주고 있으며, 실제 생활에서 발생할 수 있는 상황에 대해 판단력을 향상시키는 역할을 한다. 청소년들은 영화를 활용한 진로 탐색을 통해 성공적인 삶을 꾸리기 위해 어떻게 행동해야 하는지 생각하게 된다. 그러면서 자신의 행동을 계획하고 타협하여 자신에게 직접 반영하게 된다. 따라서 진로 성숙도, 진로 자기효능감을 향상시킬 수 있다.

표 4.4 단계에 따른 활용 영화

단계	활용 영화
자기 이해	• 키드 • 쿵푸팬더
직업 세계의 이해	• 악마는 프라다를 입는다 • 제리 맥과이어 • 사랑의 레시피
진로 의사결정 및 확신 단계	• 루키 • 크림슨 타이드 • 빌리 엘리어트 • 갈매기의 꿈 • 굿 윌 헌팅 • 별이 된 소년 • 죽은 시인의 사회 • 옥토버 스카이
마무리, 자신감	• 세 얼간이들 • 버킷 리스트

(4) 상담 전략 3 : 대학 입시상담

우리나라 중고생들의 진로 지도의 방향은 전공과 적성에 맞는 진로 설계보다는 대학 입시 중심으로 진행된다. 물론 입시상담이 진로상담의 한 영역에 해당되겠지만, 대학 입시마저도 성적 위주로 설정하게 된다. 상황이 이렇다 보니 대학 진학 후에 전공이 맞지 않아 전과를 하거나 자퇴하는 등 대학생이 되어서도 어려움을 겪는 사례가 많다. 그렇게 진로상담이 매우 필요하더라도 현실적으로 대학에 들어가는 문턱까지도 어려움을 많이 느끼기에 그 이후까지 생각하기 쉽지 않다.

이러한 입시 위주의 환경에 맞춰 입시상담을 진행하되, 자신에 대한 탐색과 자신에게 맞을 만한 전공과 맞지 않는 전공 정도는 파악하고 있도록 도울 수 있다.

따라서 청소년 진로상담을 할 때, '진로'로 시작하여 '입시'로 끝나는 접근보다는 '입시'로 시작하여 '진로'로 끝나는 상담을 진행한다면, 학생과 학부모에게 거부감 없이 현재에도 미래에도 도움이 되는 학생을 위한 상담을 진행할 수 있다.

중학교 3학년(예비 고1) 중학교 3학년이 되면 고등학교 2학년 때 나뉘는 문과와 이과 계열을 미리 정하는 것이 좋다. 정하지 못하더라도 계열별 정보를 알고 있으면 도움이 된다. 고등학교 1학년이 시작되자마자 그에 맞는 수능 공부나 입시를 준비할 수 있는 기반이 되기 때문이다. 고등학교 유형에도 여러 가지가 있기 때문에 이를 정하는 것 또한 필요하다. 몇 년 전만 해도 특목고 진학을 위해 상위권 학생들만 고입 준비를 했다면, 현재는 자사고의 등장으로 자사고를 진학해야 하는지, 일반고를 가야 하는지 중위권 성적의 학생들도 모두 고민하게 만드는 시스템이 되었다. 자신의 성적이나 성격이 일반고에서 유리할지, 자사고에서 유리할지 고민하느라 중3 하반기에는 예비 고1의 진로상담이, 정확히는 입시상담 요청이 증가한다.

이러한 입시에 대한 관심을 진로상담으로 전환시킬 필요가 있다. 이를 위해, 진로상담을 진행하는 상담자는 대입의 큰 흐름을 이해하고, 그 안에서의 고입 정보를 제공한다. 그러면 학생과 학부모가 입시에 대해 안심할 수 있는 단계가 된다. 이때 전공이나 적성을 알 수 있는 진로상담을 진행하도록 한다. 중3 겨울방학에 총 5~7회기 정도 진로, 입시 상담을 진행하여, 자신이 가고 싶은 학교와 학과를 정하는 것을 목표로 보면 된다.

고등학교 1학년 고1의 경우, 1학기를 마치고 여름방학에 진로상담을 시작하면 좋다. 고등학교 내신과 모의고사를 한 번씩 경험하여 본인 성적에 맞는 대학을 가늠해 볼 수 있기 때문이다. 이때에는 대학의 유형(4년제 대학교, 2년제 대학, 산업대, 교육대, 한국과학기술원, 대학원, 로스쿨, 의학전문대학원 등), 전공에는 무엇이 있고 어떤 공부를 하는지, 전과가 무엇인지 등과 관련된 기본적인 정보를 제공하면 큰 도움이 된다. 그 이후에 진로상담의 기본 과정인 자신의 이해, 진로 정보 탐색, 진로 장벽 및 의사결정 유형, 진로 설계 등의 과정을 거치면 된다. 그 안에 가장 중요한 것은 수시와 정시의 차이점 및 입시 정보를 받는 사이트들과 각 학교의 모집 요강을 찾아보도록 하는 것이다. 입시 결과도 비교해 볼 수 있는데, 상담의 목표는 진로효능감을 향상시키는 것이다. 자신의 성적과 비교하면서 좌절하지 않고 목표를 삼고 도전할 수 있도록 자료를 해석하는 것이 필요하다.

고등학교 2학년　여름방학이 되면 대학별 고사에 따른 논술 준비 여부를 결정하고, 입학사정관전형(학생부종합전형)으로 자기소개서의 초안을 작성하거나, 입시를 위해 더 필요한 사항이 무엇인지 점검해 두어야 한다. 이러한 입시에 대한 구체적인 계획을 세우는 방향으로 진로상담을 할 수 있다. 또한 수능에서 자신이 치를 탐구과목을 공부할 수 있는 시기이므로 과목을 결정해야 하기도 하다.

　이러한 구체적인 안이 나오기 위해서는 성적 분석이 필요하다. 이때 성적이란 내신 성적과 모의고사 성적 두 가지를 종합해야 하는데, 이러한 성적 분석에 따라 준비해야 할 것들이 달라진다. 이에 맞춰서 각 대학별 모집 요강을 확인하고 수시와 정시 지원 등 어떠한 방향으로 갈 수 있는지 큰 흐름을 알고 있는 것이 좋다. 그러나 아직 모의고사 성적을 더 많이 올릴 수도 있고 내신 성적도 2~3학기가 남았기 때문에 입시 방향을 한 가지로 단정 지을 수는 없다. 따라서 이때의 상담 목표도 학습 영역과 진로 영역의 효능감을 올려 학생이 학습 성과를 더 낼 수 있도록 돕는 것이 가장 중요하다. 따라서 이 시기에는 상담의 방향을 학습효능감 향상으로 잡는다.

(5) 상담 전략 4 : 입학사정관전형을 준비하는 진로상담

입학사정관전형(학생부 종합전형)을 준비한다면 진로상담을 하는 것은 매우 유용하다. 10회기를 기준으로 고등학생의 일반적인 진로상담 과정을 밟으면서 회기 내에 학교의 모집 요강에 맞도록 자기소개서와 에듀팟 기록, 포트폴리오를 관리하는 방법을 2~3회기 정도 다루도록 한다. 가장 중요한 것은 진로효능감을 포함한 자기효능감을 향상시키는 것이다.

상위권 학생 고등학교 2학년 여름방학 정도가 되면 상위권 학생(모의고사 3등급 이내)들은 논술전형, 학생부 교과전형, 입학사정관전형 등을 학생의 성적 조합에 따라 준비를 해야 하는가 하는 막연함이 있다. 입학사정관전형으로 준비할 것이 아니더라도 입학사정관전형을 준비하는 진로상담을 통해 입시 정보를 더 잘 알 수 있게 해 주며, 정보를 찾는 방법을 알아 막연한 마음을 덜어 주게 된다. 또한 자신의 적성과 소질을 재발견하는 것을 통해 자신에 대한 확신감을 얻는다. 나아 가 학과와 진로에 관한 미래상을 그려 보는 것을 통해 안전감 있게 공부에 몰입할 수 있게 된다.

중위권, 중하위권 학생 모의고사 4~7등급의 중위권, 중하위권 학생의 경우 수시 는 이미 자신과 멀다고 생각하면서 입시에 대해 막연하게 무서워하는 경향이 있 다. 그러나 이런 학생일수록 진로, 입시 상담을 통해 객관화된 정보를 제공하고, 학습 성적이 떨어지더라도 학생의 평소 활동 반경이 입학사정관전형에서 유리할 수 있다. 따라서 입학사정관전형을 준비하는 진로상담 과정을 통해 자신의 적성 을 파악하고 진로를 설정하여 진학을 차근차근 준비하는 과정을 경험하면 자신에 대한 이해와 자신감을 얻을 수 있다. 이러한 태도는 학습으로도 이어져, 학생의 역량을 최대로 발휘하도록 하는 기회가 된다. 따라서 성적 여부와 관계없이, 입학 사정관전형을 준비하는 진로상담 과정을 밟기 권한다.

대학 입시 용어 해설

대학 모집 방식

• 수시모집
고교 교육과정 중인 9월경에 실시되는 전형이다. 수능 성적으로만 학생을 선발하지 않고 다양한 능력과 재능을 반영하는 선발 방식이다. 전형의 종류에는 크게 학생부

종합전형(입학사정관전형), 학생부 교과중심 전형, 논술 위주 전형, 특기자 전형, 기타 대학별 고사 등으로 세분화되어 있다. 학교별로 세부 요강이 다르므로 꼼꼼하게 따져 보고 지원해야 한다.

• 정시모집

고등학교 전체 교육 과정이 끝나는 시점인 12월에서 2월에 전형이 실시되는 수능 성적 중심의 입시 전형이다. 가, 나, 다 군으로 나누어 모집하며, 대학교의 모집 단위마다 지원할 수 있는 군이 다르므로 모집 요강을 통해 확인 후 지원하여야 한다.

• 특별전형

대학교육의 본질을 훼손하지 않는 범위 내에서 차등적 보상의 원칙을 적용하는 전형이다. 그 종류에는 입학 정원 외로 모집하는 농·어촌 학생, 특수교육 대상자, 재외국민과 외국인 전형과 정원 내의 취업자, 전문계 고교, 산업체, 특기자, 대학별 독자적 기준에 의해 모집하는 추천자, 소년·소녀 가장, 독립유공자 손·자녀 전형 등이 있다.

• 전문계 특별전형

전문계 고교를 육성하고, 전문계 학생들에게 대학 진학의 기회를 높여 주기 위한 전형으로 동일계 특별전형, 자격증에 의한 특별전형, 산업체 특별전형, 교육과정 연계를 통한 특별전형 등이 있다.

• 입학사정관전형(학생부종합전형)

입학사정관전형이란 대학이 채용한 입학사정관이 입학을 지원하는 학생에 대하여 학업 성적뿐 아니라 소질과 경험, 성장 환경, 잠재력 등을 종합적으로 평가하고 각 대학의 인재상이나 모집 단위에 맞는 신입생을 선발하는 제도이다.

이 제도는 성적 위주의 획일적 입시 문화를 바꾸고, 잠재적 능력을 토대로 신입생을 선발한다는 취지로 2010학년부터 본격화되었다. 하지만 다양한 활동과 자기소개서 등의 활동 증명이 필요하다 보니 특별한 관리를 받을 수 있는 학생이 지원 가능한 '귀족 전형'이 아니냐는 일부 비판도 받고 있다.

• 교차지원

대학 입시에서, 자신이 수능 시험에 응시한 계열이 아닌 계열로 지원하는 것이다. 수능 인문계 응시자가 대학 지원 시에 자연계 학과로 지원하는 것을 예로 들 수 있다.

대학별 고사

• 논술

암기를 통한 결과적 지식보다는 비판적이고 창의적인 사고력 및 그 과정을 중시하고

서로 다른 교과 내용을 통합하여 사고한 내용을 글로 표현하는 것이다. 제시된 문제를 통해, 수험생이 그동안 학습한 내용을 어떻게 재구성하고 통합하여, 얼마나 자기주도적으로 창의력 있게 문제를 해결하는지를 평가한다.

• 면접

면접은 교수와 학생 사이에 질문과 답변으로 진행되는 방식이다. 형태는 교수와 학생의 1:1 면접(개별 면접), 2~3:1 면접(개인 면접), 집단면접, 집단토론면접 등이 있다. 기본소양평가, 전공적성 또는 학업적성 평가로 나뉘며 대학 측에서는 계열별 혹은 전공별로 기본소양·전공적성 또는 학업적성을 평가한다.

• 자기소개서

자신을 소개하기 위한 글로 입시 전형 요소로 활용된다. 자기소개서는 입학사정관 전형이 가장 많은 배점을 두는 항목으로 학생의 경험, 성장과정, 진로와 적성, 가치관 등을 기술한다. 구술면접고사를 실시할 경우 자기소개서의 내용을 확인하는 경우도 있으므로 꾸미거나 거짓됨 없이 사실만을 기술해야 한다.

수능 등급

영역/과목별 점수의 순서(석차)에 따라, 영역/과목별 전체 수험생의 상위 4%까지를 1등급, 그 다음 7%까지를 2등급 등으로 하여 아래 표와 같이 9개 등급을 순차적으로 부여한다. 등급 구분 점수에 놓여 있는 동점자에게는 해당되는 등급 중 상위 등급을 부여한다(교과 성적의 동점자 등급 부여와 차이가 있다).

등급(%)	1	2	3	4	5	6	7	8	9
기준 비율	4	7	12	17	20	17	12	7	4
누적 비율	4	11	23	40	60	77	89	96	100

수능 최저 학력 기준

수시모집에서 주로 사용되며 수시 조건부 합격자는 대학에서 제시한 일정 수준의 수능 성적을 얻어야 최종 합격을 할 수 있는 기준이다. 예를 들어, 수시에서 학생부 100%로 선발하고, 최저 학력 기준을 수능 4개 영역 중 2개 영역 이상 2등급이라고 지정했다면, 학생부 성적으로 조건부 합격자가 되어도 최종 수능 성적이 최저 학력 기준을 충족하지 못하면 불합격하게 된다.

학생부

학교생활기록부(학생부)에는 교과와 비교과 영역에 대한 성적 혹은 활동 내역이 표시된다. 교과는 말 그대로 각 교과목의 성적을 의미하며, 비교과는 출결 및 봉사활동, 특별활동, 자격증, 수상경력 등 교과 이외의 활동 내역들을 의미한다.

학년별 반영 비율

학년별 반영 비율이란 학생부 성적 산출 과정에서 각 1, 2, 3학년 성적을 어떤 비율로 반영하느냐를 나타내는 것을 말한다. 일반적으로 수시모집의 경우 3학년 1학기까지의 성적만을 반영한다. 일반적으로 1학년 20%, 2학년 30%, 3학년 50%를 반영하는 학교가 많다.

출처 : 서울시 교육청 하이인포, 서울시 진로진학센터.

입시 · 진로 상담에 필요한 정보 제공 사이트

영역	사이트명	주소
진로	커리어넷	www.career.go.kr
학습/입시정보	EBSi	www.ebsi.co.kr
고입/대입/진로	서울진로진학정보센터	www.jinhak.or.kr
고입/대입/진로	경기도진로진학지원센터	jinhak.goedu.kr
고입/대입/진로	부산진로진학지원센터	dream.busanedu.net
고입/대입/진로	경남진로진학지원센터	jinro.gnedu.net
고입/대입/진로	광주교육청 진로진학정보센터	jinhak.gen.go.kr
입시	한국대학교육협의회	www.kcue.or.kr
고입	고입정보포털	www.hischool.go.kr

고등학교 유형

일반고등학교
특정 분야가 아닌 다양한 분야에 걸쳐 일반적인 교육을 실시하는 학교

특수목적고등학교
가. 특수 분야의 전문적인 교육을 목적으로 하는 고등학교
나. 계열

- 과학 인재 양성을 위한 과학 계열의 고등학교
- 외국어에 능숙한 인재 양성을 위한 외국어 계열의 고등학교
- 국제 전문 인재 양성을 위한 국제 계열의 고등학교
- 예술인 양성을 위한 예술 계열의 고등학교
- 체육인 양성을 위한 체육 계열의 고등학교
- 산업계의 수요에 직접 연계된 맞춤형 교육과정을 운영하는 학교(산업수요맞춤형 고등학교)

특성화고등학교
특정 분야의 인재 양성을 목적으로 하는 교육 또는 자연 현장 실습 등 체험 위주의 교육을 전문적으로 실시하는 학교

자율고등학교
가. 학교 또는 교육과정 운영의 자율성이 확대된 고등학교
나. 종류 : 자율형사립고등학교, 자율형공립고등학교

대안학교
교육법에서는 대안학교를 '자연 친화적이고 공동체적인 삶의 전수를 교육 목표로 학습자 중심의 비정형적 교육 과정과 다양한 교수 방식을 추구하는 학교'로 정의하고 있으며 획일적인 공교육 제도에서 탈피하여 교육 목적, 학생 수준 등에 따라 자유롭고 다양하게 교육 과정, 학습 방법 등을 운영한다. 대안학교 졸업자 전형이 따로 있는 학교도 있으며, 그 외 전형에서도 지원 자격에 대안학교 졸업자를 포함시키는 경우도 있다.

출처 : 서울시교육청 하이인포, 서울시 진로진학센터.

학습상담에 적용한 미술심리상담 사례

관계 형성

나 알기

(1) 과거 · 현재 · 미래 콜라주

자신의 과거와 현재를 돌아보면서 자신을 인식할 기회를 갖는다. 또한 미래의 자기상을 그려 보면서 자기 인식을 구체화할 수 있다. 특히 미래상을 그려 보면서 자신의 욕구와 가치관 등을 시각적으로 확인하는 기쁨을 얻을 수 있다.

▲ 중1 남학생

▲ 중2 남학생

(2) 9분할 통합 회화법

9분할 통합 회화법은 도화지를 9칸으로 나눈 후 주제를 주어 연상되는 그림을 칸마다 그리게 한다. 여기에서는 시간 제한으로 인해 6분할로 진행하였다. 그림을 그린 후 제목을 붙이고 상담을 이어갈 수 있다. 갈등적인 요소나 욕구를 파악할 수 있다.

▲ 중2 남학생(주제 : 내가 소중하게 여기는 것들)

(3) '내가 원하는 것' 콜라주

콜라주 기법을 알려 주고 '내가 원하는 것' 혹은 '내가 갖고 싶은 것'을 주제로 작업을 하게 하면 접근하기 쉽고 재미있어 한다. 작품을 중심으로 이야기하면서 자신이 원하는 것을 구체화할 수 있고 마치 갖게 된 것과 같은 느낌을 주기도 한다. 작품이 완성되었을 때는 성취감을 갖는다.

◀ 중3 여학생

▲ 중1 여학생(앞면/뒷면)

이 학생은 자신이 원하는 사물을 하나씩 오리는 것이 아니라 자신이 원하는 모양을 만들기 위해 여러 가지 조각을 조합하여 하나의 상징물을 만들었다. 그리고 원하는 것을 더 잘라 위에 붙이는 중첩 방식을 활용하였다. 특히 뒷면까지 활용하여 앞면과 이어지는 스토리를 만들었다. 지면을 넘어가게 만들어 롤러코스터의 극화된 표현을 더하기도 하였다. 이러한 점으로 미루어 에너지가 많은 것으로 볼 수 있었고, 실제로 굉장히 많은 학습 스케줄을 소화하며 공부하였다.

(4) '버리고 싶은 것, 갖고 싶은 것' 그리기

자신이 갖고 싶은 것과 버리고 싶은 것을 명확히 하는 것을 통해 '현재의 나'와 '이상적인 나'를 비교해 볼 수 있다. 원하는 것을 중심으로 어떻게 하면 얻을 수 있을지 왜 원하는지 등을 이야기하며 상담을 풀어나갈 수 있다. 욕구를 명확하게 하는 데 도움이 된다.

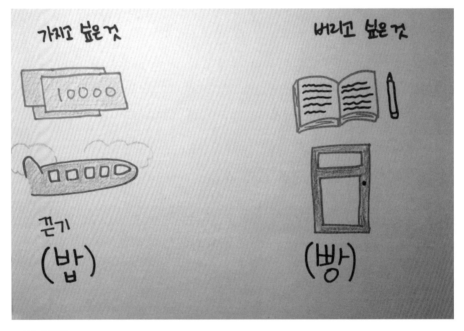

▲ 중2 여학생

나 홍보하기 – 잡지 콜라주

나를 홍보하는 과정을 통해 자신의 강점을 인지하고, 타인에게 자신을 홍보하면서 효능감을 높일 수 있다. 잡지를 통해 자신의 홍보할 점을 찾아야 하는데, 그러기 위해서는 잡지를 30분 이상 보면서 자신에 대해 깊게 생각해야 한다. 그 시간 동안 자신의 장점을 깊게 생각해 보는 시간을 갖게 된다. 이 작업은 구체적인 물체에서 자신의 추상적인 장점을 끌어내야 한다. 그러므로 추상적 개념 이해가 수월하지 않은 중학생에게는 어려울 수 있다. 고등학생을 대상으로 시행하기를 추천한다.

▲ 고2 여학생
단발머리를 고수하는 자신의 이미지를 표현하였고, 빨강색을 좋아해서 옷이나 소품에 빨강색이 많다며 자신의 선호를 표현하였다. 자신은 책을 읽는 것을 좋아하는데, 교과 내용이 아닌 소설을 읽고 있으면 부모님께 지적을 받을 수 있기에 몰래 읽을 수밖에 없다는 고충을 드러냈다.

방어하는 내담자

주제를 주고 작업을 시행하는데 다음과 같은 모습을 보인다면 자신의 감정을 감추려고 하는 것으로 짐작할 수 있다. 무지개 색상을 반복한다거나, 특정한 도형을 다양한 색으로 반복하여 그리는 모습 혹은 잡지를 활용한 콜라주에서 무형의 색상만을 드러내는 경우이다.

　다음과 같은 모습을 보일 때는 주제에 맞게 그림을 그려 나가기를 독려하기보다는 방어를 줄일 수 있도록 다음 회기에 라포 형성 및 그 방어의 원인을 탐색해 보는 것이 필요하다.

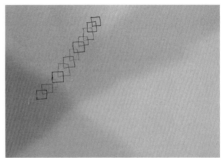
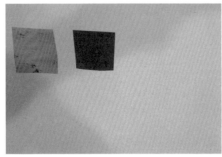

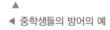
◀ 중학생들의 방어의 예

학습 동기 상담

학교생활 적응 확인하기 - 동적 학교 생활화(KSD)

그림진단검사로 2장에 자세한 설명이 있다. 학교 생활을 어떻게 느끼고 있는지, 어떻게 생활하는지 확인할 때 쓸 수 있다.

▲ 고2 여학생

우리나라 학교 생활화에서 일반적으로 그려지는 수업 시간의 풍경이다. 선생님의 크기가 크고 정면으로 그려진 모습에서 선생님을 중요하게 생각하고 있으며, 반면 자신의 모습은 뒷모습으로 작게 표현되어 있어 자신에 대해서 더 긍정적으로 바라볼 필요성이 있다.

자신이 좋아하는 문학 수업 시간을 묘사한 것으로 선생님의 수업 방식도 매우 좋아한다고 표현하였고 학생 자신이 열심히 공부하는 모습을 그렸다. 자신은 교과서와 필기도구를 잘 챙겼으며, 자신이 경쟁 상대로 생각하는 친구를 앞에 그렸다. 자신보다 공부를 못하거나 열심히 하지 않는 친구는 필기도구를 다 그리지 않았으며, 수업 시간에 앞자리는 비워 두는 학생들의 모습을 그대로 표현했다. 공부도 열심히 하고 성적대도 중상위권이며 교우 관계도 원만한 학생이고, 성적에 따른 자신의 순위를 자리 배치로 나타냈다.

▲ 예비 중1 여학생

체육 시간 줄넘기 수행평가를 하는 모습을 묘사하였다. 선생님 및 친구들과의 관계가 원만한 학생으로 웃고 있
는 자신과 친구들, 선생님을 정면으로 나타냈다. 자신이 주체적으로 줄넘기를 돌리는 장면이다. 작품을 다 만들
고 나서는 "아! 제 옷에 예쁘게 하트 주머니를 만들어야겠어요!"라고 말하며 마무리를 지었다. 선생님은 그림 우
측에 수행평가 점수를 매기시며 아이들에게 "잘한다."라고 말씀하신다고 표현했다. 칭찬받는 학생과 칭찬하는
선생님의 현실에서의 모습을 그대로 표현한 것으로 보인다.

▲ 중1 여학생

외국에서 전학 온 지 얼마 되지 않은 학생으로 학교에 잘 적응하려고 노력하는 태도를 보이나 체력이 약하여
체육 시간에 참여하지 못하고 응원하는 모습을 그렸다. 이 부분에서 학교에서의 자신의 위치를 짐작할 수 있게
한다.

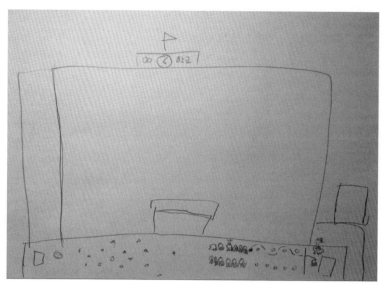

▲ 중1 남학생

인물상이 잘 보이지 않을 정도로 매우 작으며 아래에 치우친 모습으로 보아 억압적이며 위축되어 있고 학교라는 공간을 통제적이고 위협적으로 느끼는 것을 엿볼 수 있다. 또한 체육 선생님은 힘이 없고 아이들을 잘 통제하지 못한다고 한 말을 미루어 볼 때 학교는 통제적인 공간이라고 인식하는 것으로 보인다.

▲ 중2 남학생

학교에서 친구들과 축구하는 모습을 그렸다. 전체적으로 학교라는 공간은 작게 표현되었으며 운동장은 공간의 반 이상을 차지하고 있는 것으로 보아 학습보다는 활동적인 측면에 더 관심이 있는 것으로 보인다.

tip **신학기에 겪는 학교 생활 적응 주제**

신학기에 주의해서 볼 수 있는 학교 생활 적응 주제를 유형별로 살펴보면 다음과 같다.

중학교 1학년, 고등학교 1학년은 새로운 교우 관계뿐만 아니라, 학교 생활 패턴에 적응하는 데 어려움이 있다. 이러한 부분에 대한 이야기는 그림 검사를 통해 시작할 수 있다.

중학교 1, 2학년 여학생의 경우에는 또래 관계로 어려움을 겪을 가능성이 있다. 이를 풀어 가는 과정을 상담자가 지켜봐 주면 좋다. 다만 발달 단계에 따른 당연한 과정 이므로 또래 관계의 어려움을 '문제가 되는 시선'으로 바라보지 않기를 권한다. 따라서 학생에게도 그러한 과정을 설명해 주면 안심하면서 또래 관계를 풀어 나갈 수 있다.

중학교 남학생의 경우에는 특히 학기 초에, 힘겨루기를 하는 것에 에너지를 쏟을 수 있다. 이 또한 정상적인 발달 단계로서 이러한 과정을 개인이 의미 있게 해석할 수 있도록 상담자가 도움을 줄 수 있다.

신학기 목표 설정-엽서 콜라주 및 그림 작업

청소년들의 신학기는 사실상 3월의 '진짜' 신학기를 준비하는 '겨울방학'부터 시작된다. 새 학년에는 마음을 다잡고, 공부를 더 열심히 하고자 하는 마음이 커진다. 이러한 의욕을 글로만 표현하는 것을 넘어서서 그림으로까지 표현하게 하면 더 구체화되며, 자신이 이미지를 상상하게 함으로써 목표 달성에 더 큰 효과를 가져 올 수 있다.

주제를 줄 때, '신학기에 이루고 싶은 것'이라고 이야기하며 "학습과 관련된 내용도 들어가도록 해 봅시다."라고 하면, 자연스럽게 학습과 관련된 목표를 설정하게 된다.

▲ 고1 남학생

중3이 되면서 성적이 많이 올랐고, 이에 따라 자신감이 많이 향상되었다. 고등학생 때는 더 열심히 하려고 하는 마음이 작업에 담겼다. 겨울방학 동안 체력 기르기, 시간 관리 잘하기, 모의고사 성적 올리기, 피아노 치기 등, 고루 잘 하고자 하였으며, 이성 문제에 대한 관심을 줄이고 공부에 몰입하고자 하는 마음을 담았다. 하지만 여자 친구에 대한 글을 쓰고, 지운 흔적은 그에 대한 혼란스러운 감정 또한 나타내므로 학습에 지장을 미치는 요소로 염두에 둘 필요가 있다.

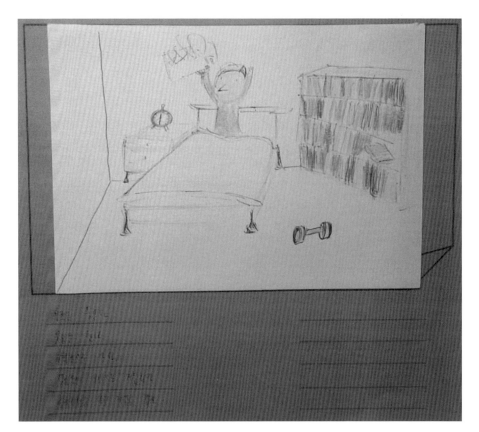

▲ 중3 남학생

다소 무기력한 모습을 보이는 학생이다. 2개월 전부터 상담을 시작하여 점차 의욕을 보였다. 자신의 방에 책이 많고 침대에 조용히 있는 순간이 가장 행복하다고 했다. 수학에서 100점을 받고 싶다고 하며 시험지를 들고 있는 자신을 그렸다. 방학 동안 운동을 하고 싶다고 하며 아령을 그려 넣었다. 침대에서 아직 나오지는 않았으나, 반쯤 일어난 상태는 현재 아이의 에너지 수준을 짐작할 수 있는 부분이다. 학습 의욕이 넘치지만 학습 성적의 큰 성과를 내기는 당장에는 어려울 수 있다. 다만 시계를 그려 넣고 시침과 분침을 명확하게 그려 일어나는 시간을 표현했다는 것은 계획성 있게 시간을 관리하고자 하는 모습을 보이는 것으로 학습 태도적인 면에서는 곧 의욕과 달라진 모습을 보일 것으로 추측된다.

학습 동기 향상-콜라주 작업

콜라주 활용 방법은 3장에 있다. 주제는 '갖고 싶은 것' 혹은 '버리고 싶은 것과 갖고 싶은 것' 등으로 변형하여 다양하게 제시할 수 있다. 저학년에서 고학년으로 갈수록 구체적인 상징물에서 추상적인 내용이 포함될 수 있다. 공부를 하기에 에너지가 부족한 학생들은 이를 통해 확인할 수 있다. 편안하고 즐거운 마음으로 콜라주를 하지만 작품을 분석해 보면 학생의 어려움을 발견할 수 있다. 작품을 분석하면서 상담을 하면 현재 어려움의 원인을 파악하고 더 나은 방향으로 가는 방법을 모색하여 학습 동기를 향상시킬 수 있다.

▲ 고2 남학생

이 학생은 스스로 X축, Y축을 만들어 갖고 싶은 강도와 갖고 싶은 시기를 나누어 작업했다. 현재 갖고 싶은 것으로는 핸드폰과 큰 키라고 표현했다. 나중에 갖고 싶은 것으로는 시계, 자동차, 자전거를 갖고 싶다고 표현했고 대학에 가서는 일본에서 자전거 여행을 하고 싶다고 했다. 고2 하반기이면서 입시에 대한 압박을 점점 느끼던 찰나였고, 대부분의 고등학생이 그렇듯, 피로가 누적되어 있는 상태였다. 그러면서 대학생이 되면 지금보다 훨씬 자유로워질 것이라는 기대감이 드러났다.

◀ 중3 여학생

공부에 의욕이 있지만, 자신의 건강 문제로 병원에 자주 가야 하는 학생이었다. 따라서 의욕만큼 학습 시간을 충분히 내기 어려웠고 체력적으로도 버거워 했다. 침대가 가장 큰 자리를 차지했다. 반면 의욕이나 시작을 의미하는 운동화도 나왔는데, 운동을 해서 체력을 키우고 싶다며 운동화를 붙였다. 다만 사진에서 보듯 침대의 크기가 훨씬 큰 것으로 보아 사실은 쉬고자 하는 욕구가 더 크다는 것을 미루어 짐작할 수 있었다. 이런 경우 무리하게 힘을 내서 공부하더라도, 이내 몸이 다시 취약해져 더 오랜 기간 동안 공부를 못하게 되는 경우를 볼 수 있다. 따라서 휴식과 공부를 적절히 조절 · 관리하도록 하는 것이 장기적으로 더 유익함을 알리는 것이 상담자에게 필요하다. 그 밖에 먹고 싶은 음식, 갖고 싶은 머리 모양, 보고 싶은 영화 등으로 지면을 채웠다.

▲ 중3 남학생

이 학생은 학습에 무기력을 보였다. 30분 정도 잡지를 뒤적였고 천천히 한 장씩 넘겼다. 이전 작업에서는 한 시간 가까이 해도 작은 종이를 한 장 붙이고 이유를 말로 설명하기는 너무 힘들어 했다. 대답을 이끌어 내기 매우 어려웠는데, 상담을 장기적으로 진행하면서 사진을 더 붙였으며 이유를 글로 설명하고 다른 학생들 앞에서도 말할 수 있었다.

▲ 고1 남학생

고등학교에 올라오면서 방대한 학습량에 많이 지쳐 있는 상태였다. 학생이 에너지가 바닥 난 상태일 때에는 위와 같이 여백이 많아진다. 특히 휴양지나, 시골길 등 조용한 곳에 대한 염원을 담은 것으로 보아, 아이의 쉬고자 하는 구체적인 욕구도 알 수 있다. 이는 오히려 아무것도 붙이지 못하거나, 작은 것을 한두 조각 붙인 학생보다 지지해 주는 사람이 있다면 힘을 낼 수 있는 요건으로 볼 수 있다. 이때 상담자와 부모가 적절히 개입함으로써 학생의 현재 어려운 상황을 도울 수 있다.

tip 고등학교 첫 시험에 발생할 수 있는 상담 이슈

특목고뿐만 아니라 자사고가 부상하면서 더 많은 학생들이 고등학교 합격과 입학의 즐거움도 잠시, 중간고사 이후 좌절감을 크게 느끼는 경우가 많다. 방치하게 되면 장기간 무기력을 느끼는 상황이 올 수 있다. 중학교에서 고등학교 올라갈 때 본인의 평균 성적이 크게 달라지는 것을 보며 놀라게 된다. 이는 초등학생이 중학교 올라갈 때의 충격보다 훨씬 더 크다.

실제 고등학교에서 수학 평균 점수는 50점대를 넘지 못한다. 그만큼 어려운 공부를 학생들이 하게 되고 처음 보는 점수에 좌절을 겪는다. 이때 상담자는 그 좌절감이 크게 오기 전에 절대 점수는 이전 학년보다 훨씬 떨어질 수 있음을 인지시켜야 한다. 또한 열심히 공부했다면, 점수가 떨어져도 등수가 올라갈 수 있음을 알려 오히려 상황을 객관적으로 보도록 유도하는 것이 필요하다.

특히 고1 자사고 학생들의 경우 내신 성적 등급이 매우 낮더라도 수능(모의고사)으로 비교하는 것이 옳은 방법임을 인지시킨다. 이와 동시에 입시에 대한 객관적인 데이터로 상담하는 것이 학생에게 도움이 된다. 그러한 과정 없이 부모도 학생도 '열심히'라는 목표로 내신 성적에만 치중하게 되면, 봐야 할 것을 올바로 보지 못하고 아이에게 심리적으로 위축감을 주어 학습 동기를 저하시키는 상황이 된다.

스트레스 대처능력 확인하기-빗속의 사람 그리기

빗속의 사람 그리기는 2장에 상세한 설명이 있다. 빗속의 사람 그리기를 통해 스트레스 정도와 대처 방식을 알 수 있다. 그림을 그릴 뿐 아니라 상담자가 해석을 하면서 학생과 대화를 나누는 것이 학생에게 도움이 된다.

단, 해석을 '매우' 주의 깊게 해야 한다. 있는 그대로의 스트레스 및 방어 정도를 이야기하기보다는 어떤 스트레스를 받는다고 보는지 학생의 생각을 묻고 대답하며 해결방법을 찾아보도록 한다. 또한 방어 정도를 확인할 때에는 방어의 강점을 강조하며, 잘 대처하고 있는 면을 설명하고 강조한다. 나아가 인물에게 어떤 도움을 주고 싶은지, 상상해 보도록 하면서 내적으로 그런 도움을 받고 싶은지, 본인이 그 도움을 줄 수 있는지를 이야기하게 하면서 스트레스에 적응하는 방법을 생각해 보는 시간을 갖는다.

혹은 몇 개월 전에 그렸던 그림과 현재 그림을 비교할 수 있다. 그때와 지금과의 다른 점을 설명하며, 좋아진 면을 설명하고 격려할 수 있다. 반면 현재 상황이 좋지 않다면 그 부분을 설명하면서 이전의 역량을 격려하고 잘 대처해 나갈 수 있는 힘을 인지시키는 것으로 사용할 수도 있다.

A

B

▲ 예비 중1 여학생

초등학교 6학년 학생으로 학업에 대한 관심보다 또래 관계에서의 어려움을 호소하였고 자신이 원하는 진로에 대해 어머니의 동의를 얻지 못하는 부분의 힘듦을 이야기하였다.

A에서 사선으로 표현된 길은 정서적으로 불안한 느낌을 주며 필압을 강하게 표현하여 분노 감정이 내재되어 있다는 것을 보여 준다. 우산은 들고 있었는데 바닥에 떨어졌다고 하였다. 또한 구름과 여러 곳에 음영 처리를 한 것으로 내면에 갈등적 요소가 자리 잡고 있는 것을 보여 주고 있다.

B는 갈등적인 문제가 미술심리상담으로 어느 정도 해소되고 난 후의 그림이다. A에 비해 비교적 안정된 모습을 볼 수 있었다. 비의 양은 다소 적어졌으며 우산을 잘 들고 있는 모습에서 스트레스에 대한 대처 능력이 생겨난 것으로 보인다.

"이 인물은 가상의 인물인데 '어머니 무덤에서 제사를 지내고 아버지 차를 타고 떠난다.'"고 이야기한 것으로 미루어 보아 어머니의 대한 분노 감정을 상징적이고 은유적으로 표현했다고 볼 수 있다. 나아가 부모의 과한 요구에서 벗어나 자신의 틀을 갖고자 하는 청소년기의 발달 특성으로 볼 수 있다. 즉, 독립적이고 자주성을 실현하고자 하는 건강한 욕구로 볼 수 있다.

A

B

▲ 고2 여학생

A는 연필을 사용하지만 학생의 제안으로 색연필을 사용하는 변형된 빗속의 사람 그리기를 실시하였다. 비가 적당히 내리고 있다고 했으며 보호 장비인 우산을 쓰고 있었다. 횡단보도를 건너에 있는 친구를 향해 웃고 있다고 하였다.

　B는 시험 직전에 그린 것이다. 시험을 앞두고 비의 양은 적당하며 우산과 우비를 입고 있었다. 인물은 무표정하였고 그림 속 인물도 기분은 "그냥 그렇다."고 하였다. 다만 손을 우산 밖으로 뻗어서 비가 얼마나 오고 있는지 확인하고 있다고 하는 것으로 보아 시험을 두고 적당한 스트레스를 받을 것을 인지하는 것으로 보인다. 위 학생은 스트레스 관리를 잘하고 자아상이 좋은 학생이다. 시험 기간이라 하여 스트레스 양이 크게 달라지지는 않으나, 시험을 앞두고 기분이 가라앉은 모습을 볼 수 있다.

◀ 중3 여학생

학업 스트레스가 많은 학생으로 학업 완수에 대한 강박적 성향과 시험에 대한 불안 등 학업 관련 문제에 매우 힘겨워하는 모습을 보였고 학교에서의 대인 관계의 어려움을 호소하기도 하였다. 구름과 비의 양이 많고 인물과 웅덩이의 음영 처리를 한 것으로 보아 스트레스에 매우 취약하며 대처 자원이 부족한 것으로 보인다.

학습 실행 상담

학습 집중력 향상

(1) 만다라 그리기

만다라에 대한 자세한 내용은 3장에 포함되어 있다. 여러 가지 상황에서 만다라를 활용할 수 있는데, 산만하여 주의 집중이 어려운 학생이나 오랫동안 책상에 앉아 있기를 힘들어하는 학생들에게 집중의 훈련과 습관을 만들어 주므로 정기적으로 실시하기를 매우 추천한다. 또한 집중이 원만한 학생이라도 일시적으로 외부 스트레스 상황으로 인해 집중이 흐트러진다고 느낀다면, 정기적·비정기적으로 활용할 수 있다. 그렇게 되면 장기적으로 외부 상황보다는 자신에 집중함으로써 내적인 힘을 기르게 돕는다.

▲ 중2 여학생

이 학생은 15분 이상 학습에 집중하기 어려워할 뿐 아니라 앉아 있는 것도 힘들어했다. 일상 생활에서도 충동적으로 행동하는 면이 많았다. 만다라 작업을 좋아했는데 여러 가지 도구 중 사인펜을 선택하는 경우가 많았고 그때마다 종이가 뚫릴 정도로 색을 칠하였다. 이는 통제를 하는 데 어려움을 겪음을 의미하기도 한다. 따라서 가능하면 통제를 더 잘할 수 있는 크레파스나 색연필을 활용하도록 유도하였다. 점차 얇은 색연필이나 크레파스를 사용하면서도 부러트리지 않고 만다라를 완성하는 횟수가 증가하였다. 또한 앉아 있기를 어려워했는데, 꾸준히 만다라 작업을 하면서 책상에 앉아 있는 시간을 늘릴 수 있었다.

---

tip   매체의 역할

- 색연필, 사인펜

  통제력을 지닌 매체로서, 충동적 성향을 통제하기 용이한 매체로 쓰인다. 이처럼 내
  담자의 성격과 반대 성향의 매체를 사용하는 것은 그의 내면 세계에 억압된 부분을
  재통합하는 기회를 줄 수 있기 때문이다.
- 물감, 핑거페인트, 물기가 많은 점토

  퇴행을 촉진시킬 수 있는 매체로, 성격이 경직된 내담자에게 적용할 수 있다. 반면,
  충동적이고 자아경계가 불분명한 내담자에게는 충동적 성향을 더욱 심화시킬 수 있
  어 적용을 자제한다.
- 쉽게 찢어지는 종이나 잘 부서지는 분필과 같은 심리적 좌절을 유발하는 매체들은
  고려되어야 한다.

출처 : 이근매, 최인혁(2008).

▲ 중2 남학생

책상에 20분 이상 앉아 있기 힘들어 하는 학생이었다. 하지만 공부하려고 노력했고 집중하려고 노력했다. 집중
력을 향상시키고자 만다라 작업을 시행했는데, 위는 초반에 했던 작업들이다. 만다라 작업에서 원 안에는 화려
하게 색칠하였으나, 테두리는 모두 검정색으로 막아 둔 느낌으로 그렸다. 뛰어 놀고 싶은 마음과 집중해서 완성
하고 싶은 두 가지 마음이 충돌을 일으키는 것 같았다. 특히 두 번째 만다라에서 원을 마지막에 검정색으로 그
리면서 원이 한 선에 막아지지 않았다며 눈물이 난다는 글을 여백에 쓰기도 했다. 집중에 성공하고 싶어 하는
마음이 느껴져 상담자의 마음이 아프기도 했고 더 도와주고 싶은 마음이 들기도 했다.

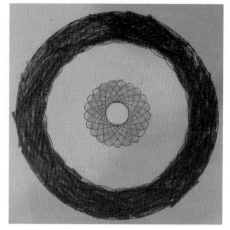

▲ 중3 남학생

5분 이상 앉아 있기 힘들어하였고 만다라를 할 때도 마찬가지였다. 만다라를 하면서 앉아 있기가 어렵다고 어려움을 호소하면서도 한두 가지 색을 거칠게 칠해서라도 완성하려고 노력하였다. 이 학생은 종이의 많은 부분을 공백으로 남겼고, 특히 만다라의 중심부가 비어 있는 형태가 많았다. 이러한 형태의 경우 임박한 변화를 받아들일 자세가 되어 있음을 나타낸다는 켈로그의 해석을 해 주었을 때, 학생은 만다라 작업에 더 의미를 부여하고 진지하게 임했다. 학습에 집중하는 정도가 행동으로 바로 나타나지 않았지만 점차적으로 태도적인 변화를 보였고, 후퇴하는 듯하기도 하다가 6개월 이후에 특정 과목에 성적 향상에 목표를 두는 등 학습에 열의를 보였다.

(2) 점 찍기 만다라

점 찍기 만다라는 채색 대신 점을 찍어 만다라 작업을 하는 것이다. 공부를 하고 집중력을 향상시키기 위해 만다라를 많이 해 본 학생들에게는 시험 기간에 점 찍기 만다라를 추천한다. 만다라는 일반적으로 내면을 돌보기 위해 활용하지만 시험 기간에는 오랜 시간이 걸리지 않고 집중할 수 있도록 도울 수 있기에 점 찍기 만다라가 유용하다. 보통 제시를 할 때는 "공부할 책 위에 문양지를 올려둡니다. 색을 칠하지 않고 점을 찍도록 합니다. 집중이 된다고 생각되는 순간에 문양지를 서랍에 넣고 책에 집중하도록 합니다. 그 점은 3개여도 좋고 30개여도 좋습니다. 중요한 것은 집중이 되면 공부에 몰입하면 됩니다."라고 한다.

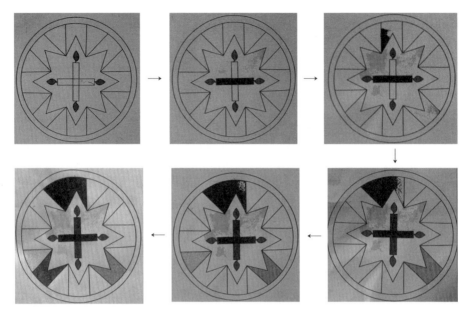

▲ 중1 여학생

이 학생은 거의 매일 공부를 할 때마다 만다라 작업을 했다. 시험 기간이 되면서 공부할 내용이 많아지고 마음이 조급해지면서 만다라 점 찍기 기법을 활용하게 되었다. 공부를 하다가 집중이 안되는 순간에 10분 정도 하면 집중이 잘되었다고 말했으며 시험이 끝난 후에도 작업 중인 만다라를 완성하는 모습을 보고 싶다며 이어 나갔다. 특히 작업 중인 만다라를 다른 사람들도 볼 수 있는 곳에 붙여두고 매일매일 작업하였는데, 전시의 효과도 있지 않았을까 생각한다.

과학 탐구 · 실험 활동 그리기

과학 교과를 공부하며 집중도를 높이는 과정이다. 단원별로 탐구 · 실험 활동이 포함되어 있으므로 채색 도구와 자습서를 함께 활용하면서 공부하는 방법을 익힐 수 있다.

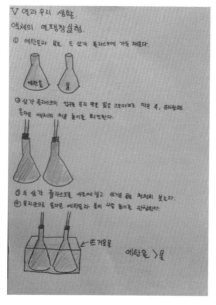

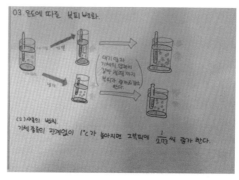

▲ 중1 남학생

과학 자습서나 정답이 포함된 교과서를 활용한다(교과서의 경우, 수업 시간에 들었던 정답이 잘 정리되어 있어야 활용할 수 있음). 각 단원의 탐구·실험 활동을 정리할 수 있다. 특히, 집중력이 높지 않은 학생일수록 책에 있는 내용과 비교하며 적절한 색을 칠하고 그림을 그리는 과정을 통해 재미있게 집중할 수 있다. 특히 요즘 청소년의 경우 손으로 쓰면서 공부하는 것을 낯설어 하는 경우가 많은데, 쓰면서 공부하는 것의 유용성을 배울 수 있다.

주의할 점은, 책에 나온 모든 글을 적기보다는, 문장을 여러번 읽으며 최대한 요약하여 쓰도록 유도한다. 그 과정에서 문장 내용을 생각하고 의미를 파악하게 되어 이해를 높일 수 있다.

---

tip 과학 탐구·실험 활동 정리하는 방법

- 대단원명
- 소단원명
- 학습 목표 혹은 탐구·실험의 목표
- 탐구·실험 준비물
- 탐구·실험 과정
- 탐구·실험 유의점
- 탐구·실험의 결과

※ 책에 나온 모든 글을 적지 않도록 유의하며, 최대한 요약하여 쓰도록 유도한다.
　그 과정에서 생각하고 의미를 파악하게 되어 내용의 이해를 높일 수 있다.

시험 후 성공 요인 찾아내기 – 사과 따는 사람 그리기(PPAT)

그림 진단 검사로 실시 및 해석 과정을 2장에서 확인할 수 있다. 학습상담을 하기 전, 후에 실시함으로써 상담자가 아이의 내적인 모습을 파악할 수 있으며, 상담 후에 달라진 점을 아이에게 설명함으로써 자기상을 긍정적으로 보도록 하는 데 활용할 수 있다. 그림에서 사과를 따는 모습을 보였다면 그림을 해석해 주고 이번 시험에서 성공적이라고 생각하는 점과 그 요인은 무엇인지 탐색하는 시간을 가질 수 있다.

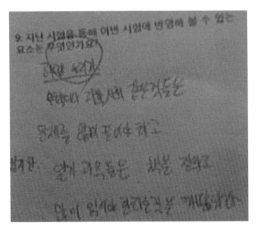

◀ 중2 남학생

2개월 동안 상담과 공부를 하면서 성적이 크게 오른 학생이다. 이 학생이 시험이 끝나자마자 그렸던 그림이다. 그림에서 사과를 잡고 있는 상태이며 수확물이 많다고 하였고 바구니가 사과로 차 있었다. 이후 학습에 대한 목표와 실행력이 높아졌고 꿈을 구체화해서 이야기하는 등 자신감이 높아진 모습을 보여 주었다.

이와 같이 그림의 강점을 선별하여 설명해 주고 성공 요인을 구체적으로 탐색해 볼 수 있다. 이는 자신의 강점을 더 강화할 수 있는 기회가 된다. "그 선생님이 잘 가르쳐요."나 "문제가 쉬웠어요."와 같은 성공 요인을 외부로 돌릴 때는 노력의 요인으로 바꾸도록 유도한다. "잘 가르치는 선생님 수업을 너가 열심히 들었기 때문에 가능했구나." 혹은 "문제가 쉬웠어도 너가 한 번이라도 읽어 봤기 때문에 그렇겠구나."와 같은 '노력 과정'에 대한 것을 강화해 주도록 한다.

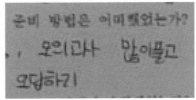

▲ 중2 여학생

시험 준비를 하면서 최선을 다했다고 느끼는 학생이었다. 실제로도 성과가 난 과목들이 많았는데, 그때 그린 그림이다. 사과를 잡고 있었고 바구니에도 사과가 많이 쌓여 있는 모습이었다. 다만, 사다리에서 부들부들 떨면서 올라갔다는 그림 설명을 들으며 힘들게 노력하며 성과를 얻었던 모습을 짐작할 수 있었다. 이어서 성공 요인을 이야기했을 때, 떨리고 두렵지만 모의시험을 자주 봤던 것과 문제 풀이를 하면서 오답 정리를 했던 것을 이야기했다.

▲ 중3 여학생

특목고를 준비하고 있는 학생으로 자아상과 고등학교 입학에 대한 기대가 매우 높은 상태이다. 따라서 나무의 크기가 매우 크고 명쾌하나, 사람을 그리는 모습에서는 자아의 경계가 약한 모습을 보이고 있다. 타인의 눈으로 볼 때는 학생이 열심히 공부하는 것으로 보이나 그림에서는 수확한 사과가 없고 사과를 잡고 있지 않은 점 등을 통해 학생 자신이 볼 때는 목표를 이루기에는 성과가 미미하다고 느끼는 것을 추측할 수 있다.

▲ 중1 남학생

중학교 1학년 학생들 중 자유학기제를 실시하는 학교의 학생들은 시험에 대한 부담이 적다. 그러나 시험을 보는 다른 학교 친구들을 옆에서 보면서, 중학생이라는 외부 시선(부모, 사회 환경 등)을 통해 간접적인 부담을 느끼며 공부를 해야 한다는 생각들을 한다.

그러나 실제로는 열심히 무엇인가 공부를 했으나 눈에 보이는 성과는 없거나 모호하다고 느끼는 경우가 많다. 그리고 실제로도 꾸준히 공부하는 학생들을 볼 때 다음과 같은 진단 검사 결과가 나오는데, 같은 공부를 열심히 하더라도, 성과에 대한 접근이 적은 것을 발견할 수 있었다.

---

tip 중학교 1학년 자유학기제

자유학기제란 중학교 교육 과정 중 한 학기 동안 학생들이 중간·기말 고사 등 시험 부담에서 벗어나 '꿈'과 '끼'를 찾을 수 있도록 수업 운영을 토론, 실습 등의 학생 참여형으로 개선하고 진로 탐색 활동 등 다양한 체험 활동이 가능하도록 교육 과정을 유연하게 운영하는 제도이다. 현재 자유학기제는 2013년 5월 전국적으로 연구학교를 시범·적용하였고, 이후 14년, 15년 희망학교를 모집하여 운영, 16년 전국적으로 실시될 예정이다.

자유학기 기간에는 지필고사인 중간·기말고사를 보지 않는다. 주로 에세이, 수행평가 등의 과제를 기준으로 학생 본인이 성찰적 평가를 하는 등 학교마다 자율적인 평가 방법을 갖는다. 즉, 상급학교 진학을 위한 내신 성적이 산출되지 않는다.

출처 : 교육부(2013.5.28).

학습 몰입을 위한 감정 다루기

(1) 만다라 작업

평소처럼 공부에 집중하려 하지만 갑자기 이슈가 발생하여 감정이 불안할 때가 있다. 가령 가족 간에 다툼을 보고 왔다거나, 친구와 가벼운 다툼이 있었다거나 할 때이다. 이럴 때는 그 감정을 적절히 조율하면서 평소처럼 공부에 몰입하는 것이 도움이 된다. 다음은 자신의 가정을 알아차리고 조절·훈련하는 예이다.

◀ 중1 여학생

친한 단짝 친구와 사이가 멀어지고 상처받은 상태였다. 이때 공부를 평소대로 하지만 공부를 시작하기 직전에 만다라 작업을 하며 감정을 표현하였다. 켈로그에 의하면 만다라에 검정색과 빨간색이 함께 나타난 경우 우울증과 분노를 동시에 경험하고 있음을 나타낸다고 하였다. 이는 마음의 갈등이 깊다는 것을 알려준다. 학생은 그날 이 작업이 끝난 후 평소만큼 에너지가 나지 않지만 최소한의 역할을 수행하는 모습을 보였다.

◀ 중1 남학생

공부하기 전에 만다라 작업을 종종 하는 학생이다. 가족 간의 다툼이 있은 다음날 작업한 작품으로 만다라를 하면서 가족 생각이 났다고 했다. 칸마다 각자 가족 개개인을 상징하는 색을 칠했다. 그 중 가운데 칸은 두 사람 간의 관계로 느껴지는 색을 칠했다고 했다. 이를 통해 느낀 점은 무엇이고 변화하고 싶은 점은 무엇인 것 같은지 물었을 때, "이 칸을 보니까 아버지와 나와의 관계를 더 잘 하는 것이 좋겠어요."라는 말을 했다. 이렇듯, 중학생 정도의 어린 학생도 만다라를 통해 자신이 변화하고자 하는 욕구를 더 명확히 알 수 있게 된다는 점이 상담자로서도 놀라운 모습이었다. 그날의 긴장과 복잡한 감정들을 어느 정도 정리하고 공부를 시작하게 되었다.

(2) 스크래치-종이 찢기 활용

분노의 감정이 극도로 올라왔을 때 실시하기에 적절하다. 상담자의 안전을 위해서도 이면지나 신문지를 찢거나 거칠게 낙서하게 하며 간단하게 화가 난 이야기를 시작하게 할 수도 있다. 그 이후에 채색 도구를 꺼내고 본 활동이 도움이 될 것임을 알리고 진행하게 되면 부드럽게 본 과정을 이어나갈 수 있다.

　스크래치 활동을 하는 방식은 도화지에 크레파스로 무작위로 색을 가득 채운다. 색을 거칠게 칠하면서 감정이 해소되어 누그러진다. 이때 검정색 크레파스로 전체를 덮어서 칠한다. 이후 나무 젓가락과 같은 도구로 긁어가며 메시지를 쓸 수 있다. 혹은 그림을 더 그릴 수도 있다. 이 작업을 하면 분노의 에너지가 도화지로 충분히 표출되기 때문에 거친 감정과 행동들이 순화되는 경험을 하게 된다.

▲ 중1 여학생
공부를 시작하기 전에 자신이 좋아하는 가수의 연애 스캔들 기사를 보고 굉장히 흥분된 모습을 보였다. 이 때문에 공부에 집중할 수 없을 정도로 큰 분노에 휩싸인 모습이었다. 큰 감정에 압도당하면 공부에 집중할 수 없기 때문에 이를 우선 해소하고 그날의 공부를 하도록 유도할 수 있다. 상담이 끝난 후에는 "이제 속이 좀 후련해요, 이제 좀 진정할 수 있겠어요."라고 말했으며, 차분하게 좋아하는 연예인에 대한 자신의 입장과 생각을 정리했다.

시험 후 감정 다루기

(1) 감정 표출하기

시험이 끝난 후 감정을 표출하게 하는 것이 목적이다. 힘들게 시험을 치른 학생들은 답답했던 감정을 시원하게 해소할 것 같지만 오히려 시험에 에너지를 많이 쏟았기 때문에 탈진되어 있는 상태일 가능성이 높다. 즉, 에너지가 약해진 상태라 분노를 포함한 극적인 에너지가 작품에 나오지 않고 그저 쉬고 싶어한다. 따라서 상담자들은 학생의 상황과 시기에 맞게 본 프로그램을 활용하기를 권한다.

주의할 점은, 시험을 앞두고는 감정이 많이 올라오게 하는 미술 작업은 공부를 하는 데 오히려 방해가 될 수 있다.

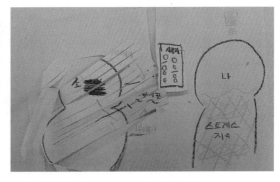

▲ 중1 남학생

스트레스 상황을 떠올리고 그림을 그리게 하였다. 시험 직후라 시험 결과에 관한 스트레스를 표현하였고 계속 약을 올리는 친구 때문에 스트레스를 받았다. 그 두 가지 주제를 그림에 모두 표현하였고, 다 그린 후에는 칼로 종이를 그으며 화나는 감정을 표현하였다. 이내 감정이 풀어졌는지 사실은 그 친구를 좋아한다며 그 친구가 좋아하는 것과 그 친구에 관한 사실들을 여러 가지 이야기하기도 했다.

(2) 감정 표출 후 재구성 – 종이 찢어 만들기

스크래치 활동을 하고 나서 종이를 찢을 수 있다. 혹은 도화지에 감정 표출을 하고 찢고 싶다고 말하며 찢는 경우도 있다. 이때 찢어진 조각들을 그냥 버리거나 모아 두기보다는 새로운 도화지에 붙여 놓을 수 있다. 붙이는 과정에서 새로운 모양이나 메시지 형태를 만들 수 있다. 그러면 새롭게 완성된 작품이 나오게 되고 자신의 혼란스러운 감정을 승화된 형태로 표현하게 된 것으로 자신의 감정을 소중하게 여기는 경험을 할 수 있다.

▲ 중3 여학생

고등학교 입시 후 기대하는 결과가 나오지 않아 복잡한 감정을 갖고 있었다. 칼을 가지고 위협적인 태도로 스크래치 작업을 하였으나 후련해하지 않았다. 이어서 종이를 찢었고 조각난 종이들을 새로운 도화지에 붙였다. 종이들이 조각조각 버려질 수도 있었으나 도화지에 붙임으로써 하나의 새로운 완성품이 되었다. 후련하다고 하며 작품을 마음에 들어 했다. 집에 가져가고 싶지는 않지만 잘 보관하고 싶다고 하여 상담실에 박스를 만들어 잘 보관하였다.

(3) 자유화

자유화는 특별한 주제를 주지 않고 학생이 그리고 싶은 것을 그리도록 하는 것이다. 자유화는 내담자의 현재 생각, 욕구, 감정 등을 파악하게 하고 감정을 이완시키는 데 도움이 된다.

▲ 중3 여학생

위 학생은 고등학교 수학 선행 학습을 시작하면서 스트레스를 매우 많이 받고 있었으며 또한 해내려고 매우 노력하였다. 수학을 모두 버리고 싶다고 표현하였다. 그 시기쯤에 그린 자유화에 물에 떠 있는 돛단배를 간혹 그렸었는데, 이번에는 수학 기호와 숫자들을 바다에 버리는 그림을 그리면서 스트레스 해소를 했으며, 그 시기에 스트레스를 많이 받고 있었고 주변 사람들에게 짜증을 냈었는데, 이 그림을 그리고 난 후 "그 스트레스의 모든 원인이 수학이었군요."라고 말했다. 자신의 스트레스 원인을 알고 난 후에는 안정을 찾을 수 있었다.

진로 · 진학 상담

진로 · 진학에 대한 감정 표현하기 - 캔버스 위에 아크릴 물감으로 자유화 그리기

캔버스 위에 아크릴 물감을 활용하여 자유화를 그릴 수 있다. 하얀 도화지에 바로 그리기 어려워 한다면 보다 작은 도화지나 신문지 위에 대략의 그림을 그려 보도록 할 수 있다.

▲ 고3 남학생

이 학생은 외국에서 대학 입학 시험을 치룬 학생으로 합격 통보를 기다리고 있는 상황이었다. 그 결과에 따라 국내 학교 진학, 학과 변동 등 여러 가지가 달라질 수 있었다. 주제는 자유화 그리기였고 학생은 자유롭게 그렸다. 매체는 캔버스를 활용하였고 도구는 아크릴 물감을 사용하였다.

그림을 그린 후 제목을 '이미 던져진 3개의 주사위'라고 했다. 상담자는 현재의 진로, 진학과 관련된 것인지 조심스럽게 물었고 그 혼란스러운 상황을 그린 것 같다고 말했다. 어떤 느낌이 들었는지 물었을 때 "저는 너무 어둡게 그린 것 같네요. 전 좀 부정적인 것 같아요."라고 했다. 그리고 무엇을 상징하는 것 같냐고 물었을 때, 진로와 관련된 자신의 이야기를 하게 되었다. 결과를 기다리지만, 부정적인 결과가 나올 것에 대한 두려움이 있었고, 그것은 이미 '던져진 주사위'로 본인이 더 이상 할 수 있는 것이 없어 무기력함을 느끼기도 했다는 말을 했다. 자신의 그림을 자꾸 부끄러워하며 숨기고 싶어 했다. 상담자가 편하게 색을 칠할 수 있는 점과 추상적인 사고들을 구체화시킨 점 등, 작품의 독특성을 이야기했을 때 점점 표정이 밝아지면서 자신의 강점으로 받아들이며 좋아했다.

tip　아크릴 물감의 특성

접착력이 강하여 거의 모든 바탕의 매체 위에 채색할 수 있다. 덧칠하여 수정할 수 있고 속성 건조하는 수용성 물감이기 때문에 완성품을 빨리 낼 수 있는 장점이 있다.

나의 꿈 지도 만들기 – '나의 미래 모습' 콜라주

콜라주 활용 방법은 3장에 있다. 이 작업은 컴퓨터로 이미지를 찾아, 출력한 후 잘라서 오려 붙이는 콜라주 작업으로, 자신이 원하는 직업, 가고 싶은 학과와 학교, 가치관, 미래의 가정상 등을 생각해 보고 이미지화하여 목표를 명확하게 하는 것을 돕는다.

구체화된 이미지로(직업, 학교, 가치관, 생활 양식 등) 콜라주를 할 수 있으려면 진로와 관련된 상담을 최소 5회기 이상 진행하고 최종 작업으로 하면 좋다. 진로효능감이 낮은 학생은 효능감을 충분히 높인 후에 가능한 작업이기도 하다.

상담 목표에 따라, 이 주제를 활용할 수 있지만, 중학생의 경우 현재보다는 미래에만 치중하여 현재 학습이나 책임져야 할 것들을 소홀히 할 수 있으니 주의 깊게 활용해야 한다. 그러나 고등학교 1학년 2학기부터 2학년 여름방학까지는 입시상담과 병행하여 이 작업을 한다면, 가까운 미래에 대한 꿈을 꾸고 구체적 목표가 생기기 때문에 현재 삶에 활력을 얻어 도움을 얻으므로 매우 추천한다.

▲ 중3 남학생

6개월 이상 학습 · 진로 상담을 하면서 점차 꿈이 구체화되었다. 따라서 가고 싶은 학교와 직업, 가치관, 미래의
가정에 대해 생각해 보았고 그것을 구체화 · 시각화시키면서 즐거워했다. 컴퓨터에서 이미지를 선택하고 출력한
후 도화지에 붙이는 방법을 사용했고, 필요한 글씨는 컴퓨터로 작성하고 글씨체와 글씨의 색상 등도 본인이 직
접 선택했다.

참고문헌

고영실(2014). 청소년의 학교생활화(KSD)의 반응특성과 학교생활적응 및 5요인 성격 특성과의 관계. 석사학위논문. 숙명여자대학교 교육대학원.

교육부(2013.5.28). 중학교 자유학기제 시범 운영 계획 보도자료.

김경림(2013). ADHD는 없다. 서울: 민들레.

김경진(2006). 고등학생의 학습기술과 학업성적의 관계. 석사학위논문. 대전대학교 교육대학원.

김덕연, 이봉건(2011). 청소년 시험불안 감소를 위한 인지행동치료와 마음챙김명상의 효과 비교. 한국명상치유학회지, 2(1), 21-45.

김봉환, 김병석, 정철영(2008). 학교진로상담. 서울: 학지사.

김서안, 권영란(2012). 콜라주를 활용한 단기 미술치료가 품행장애 청소년의 공격성과 정서조절능력에 미치는 효과. 美術治療研究, 19(6), 1437-1454.

김선현(2010). 청소년 미술치료의 이론과 실제. 파주: 이담Books.

김정심(2008). 학습기술을 활용한 집단미술치료가 중학생의 학습동기와 학업적 자기효능감에 미치는 영향. 석사학위논문. 대구대학교 재활과학대학원.

김지현(2010). 인지행동적 집단미술치료가 대안학교 청소년의 스트레스에 미치는 효과. 석사학위논문. 대구대학교.

김현희(2014). 집단미술치료가 청소년의 우울 및 긍정적 자아상에 미치는 영향. 석사학위논문. 가천대학교 스포츠문화대학원.

김혜나(2014). 전문계 고등학생의 학습된 무기력과 진로태도성숙을 위한 집단미술치료. 석사학위논문. 명지대학교 사회교육대학원.

박윤희(2010). 미술치료의 예술적 표현에 관한 신경과학적 고찰. 美術治療硏究, 17(2), 497-516.

박은주, 박정희(2012). 만다라 집단미술치료가 중학생 청소년의 자아정체감에 미치는 효과. 美術治療硏究, 19(5), 1241-1261.

박정희(2012). 학교부적응 청소년과 일반청소년의 콜라주 반응특성 비교연구. 석사학위논문. 평택대학교 사회복지대학원.

박지현(2007). 시험불안이 높은 여고생을 위한 인지-행동 집단상담 프로그램 개발 및 효과. 석사학위논문. 경북대학교 대학원.

안미숙(2013). 콜라주 집단미술치료가 우울성향 학교부적응 청소년의 문제행동 개선에 미치는 영향. 석사학위논문. 천향대학교 건강과학대학원.

안이환(2012). 그림검사 도구의 문제점과 전망. 美術治療硏究, 19(1), 157-175.

윤미희(2012). 중학생의 학습시간관리 능력향상 집단상담 프로그램 개발과 효과 검증. 석사학위논문. 공주대학교 대학원.

이건제, 제석봉, 유계식, Egan G. (2003). 유능한 상담자. 서울: 시그마프레스.

이근매(2008). 미술치료 이론과 실제. 파주: 양서원.

이근매(2011). 예술심리치료의 특성과 효과에 대한 연구. 예술심리치료연구, 7(2), 59-81.

이근매, 최인혁(2008). 매체경험을 통한 미술치료의 실제. 서울: 시그마프레스.

이근매, Aoki T. (2010). 상담자, 심리치료사, 사회복지사, 교사를 위한 콜라주 미술치료. 서울: 학지사.

이봉화, 최선남(2011). 만다라를 활용한 집단미술치료가 초등학생의 뇌기능지수에 미치는 효과. 美術治療硏究, 18(5), 1041-1059.

이수미(2015). 용서 글쓰기 치료가 불안정 애착 청소년의 분노, 불안 및 친밀감 두려움에 미치는 영향. 석사학위논문. 중앙대학교 대학원.

이수민(2011). 위기청소년의 빗속의 사람 그림에 관한 반응특성 연구. 석사학위논문. 한양대학교 교육대학원.

이윤정(2013). 청소년의 학업스트레스와 우울에 따른 PPAT(사과나무에서 사과 따는 사람 그리기) 검사 반응 특성. 석사학위논문. 서울여자대학교 특수치료전문대학원.

이정현(2012). 청소년의 학교적응 수준에 따른 PPAT(사과나무에서 사과 따는 사람 그리기) 검사 반응 특성. 석사학위논문. 서울여자대학교 특수치료전문대학원.

이정희(2010). 청소년의 성격특성과 '빗속의 사람'그림 반응특성의 관계. 석사학위논문. 영남대학교 환경보건대학원.

이지연(2008). 시험불안의 뇌과학적 이해와 교육적 시사점. 석사학위논문. 서울교육대학교.

이한숙(2014). 시험관리기술향상 프로그램이 중학생의 시험불안과 학업성취도에 미치는 영향. 석사학위논문. 한국교원대학교 교육대학원.

장명숙(2011). 집단미술치료가 여고생의 스트레스와 시험불안에 미치는 영향. 석사학위논문. 경기대학교 미술·디자인대학원.

정명선(2010). 청소년의 주의집중 및 공감 향상을 위한 주제제시 형식의 집단미술치료효과. 박사학위논문. 대구대학교 재활과학과 재활심리 대학원.

정문자, 송성자, 이영분, 김유순, 김은영(2010). 해결중심단기치료. 서울: 학지사.

정여주(2014). 미술치료의 이해. 서울: 학지사.

정인순(2012). 해결중심 단기 집단 상담이 성취압력을 받은 중학생의 시험불안과 완벽주의성향에 미치는 효과. 석사학위논문. 부산대학교.

정현희(2006). 실제적용중심의 미술치료. 서울: 학지사.

조한혁, 소호섭, 정진환, 이지윤(2014). 3d 프린터와 자유학기제 수학. 수학교육 학술지, 2014(1), 209-215.

주리애(2003). 미술치료 요리책. 서울: 아트북스.

진선미(2012). 독서치료를 활용한 진로집단상담 프로그램이 일반계 고등학생의 진로태도성숙에 미치는 효과. 석사학위논문. 전남대학교 교육대학원.

최선남, 김갑숙, 전종국(2007). 집단 미술치료. 서울: 학지사.

최현(2011). PPAT(사과 따는 사람) 그림검사와 Holland 직업유형 및 MBTI 성격유형간의 비교연구. 석사학위논문. 한양대학교 산업경영디자인대학원.

하애희(2012). 인지행동 미술치료프로그램이 청소년의 학업스트레스에 미치는 효과. 석사학위논문. 대구한의대학교 대학원.

한국미술치료학회(2000). 미술치료의 이론과 실제. 서울: 동아문화사.

홍현숙(2010). 중학생의 스트레스와 동적 학교생활화(KSD) 반응특성과의 관계. 석사학위논문. 영남대학교 환경보건대학원.

황민영(2009). 우리나라 고등학생의 시험전략에 관한 연구. 석사학위논문. 한국외국어대학교 교육대학원.

Astin, J. A., Shapiro, S. L., Eisenberg, D. M., & Forys, K. L. (2003). Mind-body medicine: State of the science, implications for practice. *The Journal of the American Board of Family Medicine, 16*(2), 131−147.

Brooke, S. L. (2007). 미술치료를 위한 평가도구(김종희 역). 서울: 시그마프레스.

Burgess, A. W. (1991). A guide to family-centered circle drawings with symbol process and visual free association. *Journal of Psychosocial Nursing & Mental Health Services, 29*(6), 36.

Carr, R., & Hass-Cohen, N. (2011). 미술치료와 임상뇌과학(김영숙, 원희랑, 박윤희, 안성식 역). 서울: 시그마프레스.

Fincher, S. F. (2006). 만다라를 통한 미술치료(김진숙 역). 서울: 학지사.

Ganim, B., & Fox, S. (2007). 비주얼 저널을 통한 미술치료(최재영, 윤혜원 역). 서울: 시그마프레스.

Hill, C. E. (2012). 상담의 기술(주은선 역). 서울: 학지사.

Kramer, E. (2007). 치료로서의 미술(김현희, 이동역 역). 서울: 시그마프레스.

Landgarten, Helen B. (1987). *Family art psychotherapy: A clinical guide and casebook*. New York: Brunner/Mazel.

Malchiodi, C. A., & Malchiodi, C. A. (2011). 사이버 미술치료의 가능성(오연주, 길지호 역). 서울: 학지사.

Mercogliano, C. (2009). 가만히 있지 못하는 아이들(조응주 역). 서울: 민들레.

Monti, D. A., Peterson, C., Kunkel, E. J. S., Hauck, W. W., Pequignot. E., Rhodes, L., & Brainard, G. C. (2006). A randomized, controlled trial of mindfulness-based art therapy (MBAT) for women with cancer. *Psychooncology, 15*(5), 363–373.

Rubin, J. A. (2006). 미술치료학 개론(김진숙 역). 서울: 학지사.

Silver, R. (2009). 세 가지 그림심리검사(이근매, 조용태, 최외선 역). 서울: 시그마프레스.

Ulman, E. (2001). Art therapy: Problems of definition. *Am J Art Ther, 40*(1), 16.

Your child (2001). *American Journal of Psychiatry, 158*, 977.

찾아보기

저자 소개

유혜신
서울여자대학교 특수치료전문대학원 표현예술치료학과
　미술심리치료학 박사 수료
한국예술심리치료학회 예술심리치료사
한국정신분석심리상담학회 이사
한국미술심리치료협회 이사
미술심리치료 수련감독 전문가

현　더테라피 대표 · 유혜신심리상담센터 소장
　www.thetherapy.co.kr
　복합문화공간 그로잉라운지 대표
　www.instagram.com/growing_lounge
　심리서비스 마인드코디
　www.mindcody.com

김미성
덕성여자대학교 문화산업대학원 임상 및 상담심리학 석사
동덕여자대학교 문헌정보학과 졸업
청소년 학습 · 진로상담 전문가
한국경제신문사 입학사정관전형 자문위원
횡성교육발전위원회 입학사정관전형 자원위원